Mythes et dérives de la finance au XXIe siècle

Du même auteur

Financement et coût du capital des entreprises, Eyrolles, 1991, Paris.

La politique de dividende des entreprises, Presses universitaires de France, 1992, Paris, (avec Pascal Dumontier).

Décisions financières et création de valeur : exercices corrigés, Economica, 2001, Paris.

OPA, OPE et LBO, Economica, 2008, Paris (avec Christophe Bonnet).

Finance : investissement, financement, acquisitions, 3e édition, Economica, 2010, Paris.

Décisions financières et création de valeur, 3e édition, Economica, 2017, Paris.

Les grands auteurs en finance, 2e édition, Editions EMS Management et Société, 2017, Caen (dirigé avec Gérard Charreaux).

Chroniques de finance et de gouvernance d'entreprise, Editions EMS Management et Société, 2019, Caen.

Finance immobilière & gestion de patrimoine, 2e édition, Economica, 2020, Paris.

Frédéric Bastiat : un économiste visionnaire, Editions EMS Management et Société, 2017, Caen, 2023.

Collection Finance

Mythes et dérives de la finance au XXIe siècle

Michel ALBOUY

ECONOMICA
49, rue Héricart, 75015 Paris

À mes enfants :
Paméla,
Juliette,
Carole.

Et à mes petits-enfants :
Inès,
Marion,
Thomas,
Julien,
Lucile.

Avant-propos

Cet ouvrage traite des mythes et des dérives de la finance. Il y a peu de sujets qui fassent l'objet d'autant de controverses que la finance dans le débat public. Souvent décriée, parfois considérée comme le nerf de la guerre sans lequel rien n'est possible, la finance et le monde qui l'entoure véhiculent des mythes souvent alimentés par des pratiques peu recommandables et des dérives qui choquent souvent le commun des mortels.

Quand elle ne fait pas l'objet de critiques, la finance est souvent présentée comme une bulle artificielle étrangère à l'économie réelle. Interrogé sur ce sujet, Pierre Moussa (1989), ancien président de Paribas, déclarait : « *On oppose la finance à l'économie parce que l'image de l'économie, c'est, dans le cœur des hommes, la terre, les machines, l'acier, les paysans et les ouvriers en sueur. En face de ce monde bien concret, la finance apparaît comme une sorte de feston immatériel qui n'ajoute rien à la substance de l'économie, et qui est perçu, dès qu'il occupe une grande place, comme un vaste gaspillage, un feu d'artifice coûteux. Or, cette conception pondéreuse de l'économie, à laquelle la finance serait étrangère de par son caractère non pondéreux, ne correspond absolument pas à l'économie réelle, et surtout pas à l'économie d'aujourd'hui où les services (immatériels par nature) occupent une place de plus en plus considérable* ». Il concluait sur ce sujet par cette déclaration à laquelle naturellement nous souscrivons : « *Les financiers n'existent que parce qu'ils répondent à des besoins* ».

Cet ouvrage est le fruit des enseignements et des recherches que j'ai menés tout au long de ma carrière de professeur des universités. À l'occasion de nombreuses conférences j'ai eu l'occasion de mesurer le gap existant entre les connaissances issues de la recherche académique et les croyances de certains de mes auditeurs, souvent alimentées du reste par des propos de journalistes critiques de la financiarisation des entreprises et du fonctionnement des marchés financiers. Cet ouvrage est le fruit de mes réflexions et doit beaucoup à mes élèves (de master ou de doctorat) qui m'ont souvent obligé à illustrer mes propos et à bien préciser les concepts et théories utilisés dans mes cours. Il doit aussi beaucoup aux collaborations scientifiques que j'ai développées au cours de ma carrière avec de nombreux collègues. Parmi eux, je souhaite citer ici mon collègue et ami Christophe Bonnet[1] de Grenoble école de management avec qui j'ai eu de nombreuses discussions sur la gouvernance actionnariale et avec qui nous avons travaillé sur le célèbre mythe de la rentabilité de 15 % exigé par les actionnaires. Nous avons également travaillé ensemble sur les dividendes et les OPA. Des thèmes qui se retrouvent dans cet ouvrage.

Naturellement, ce livre n'existerait pas si nous n'avions pas bénéficié de l'apport des travaux de la communauté française et internationale des enseignants-chercheurs en finance.

Le chemin que nous empruntons avec cet ouvrage est étroit. Il ne s'agit pas seulement de dénoncer les fausses croyances en matière de finance d'entreprise et de marchés financiers, mais également de ne pas occulter les dérives bien réelles du système financier. Naturellement, les choix que nous avons effectués pourront être critiqués. Espérons que cela alimentera le débat.

Pour terminer cet avant-propos, nous voudrions remercier ici le professeur Jean Pavlevski, fondateur des éditions Economica, pour sa confiance et qui a accepté très rapidement mon projet d'ouvrage.

1. Christophe Bonnet, *C'est la faute aux actionnaires ! Fausses croyances et vrais débats*, PUF, 2023.

Introduction

En France, la finance et les marchés financiers sont souvent mal compris. Ils sont souvent présentés comme la source de tous les maux de la société. Malheureusement cette vision d'une finance source d'aliénation et d'inégalité est partagée par de nombreux observateurs et décideurs politiques en France. C'est ainsi que la finance est souvent présentée comme une bulle artificielle étrangère à l'économie réelle et *in fine* inutile. Les contributions de la finance au développement économique sont généralement ignorées au profit de ses dérives qui existent néanmoins ; mais quelle activité humaine est exempte de dysfonctionnement ? Dans cette vision manichéenne de la finance il est difficile de séparer ce qui relève du mythe et de la réalité d'autant plus qu'en France le discours hostile à la finance est porté par des économistes reconnus comme Michel Aglietta[2], l'un des pères de l'école de la régulation, qui oppose la « logique financière » à la « logique industrielle ». Pour ces économistes, si la France se trouve dans un régime de sous-investissement ce serait dû à la pression des actionnaires et des investisseurs institutionnels qui exigeraient de trop fortes rentabilités, comme le célèbre ROE (*Return on Equity*) de 15 %.

Mais ce discours est également relayé par une partie du monde patronal français. Ainsi, un grand banquier et dirigeant d'entreprises comme Jean Peyrelevade[3] n'hésite pas à affirmer dans cette veine qu'avec « *15 % de rendement voulu par les actionnaires, les grands groupes cotés n'ont plus la possibilité de procéder à tous les investissements souhaitables : une exigence excessive fabrique du Malthusianisme* ». Ainsi, la finance et les exigences démesurées des investisseurs seraient à l'origine des maux de notre industrie. De même, pour l'ONG Oxfam France, les dividendes exorbitants versés par les entreprises du CAC 40 sous la pression de leurs actionnaires

2. Michel Aglietta, « La globalisation financière », dans *Économie mondiale*, La Découverte, Repères, 2000.
3. Jean Peyrelevade, *Le capitalisme total*, Seuil, La république des idées, 2005.

participeraient à l'explosion du nombre de milliardaires en France et poseraient la question du partage de la valeur au sein des grandes entreprises alors qu'il faudrait bâtir « *une société plus juste avec un appareil productif adapté à la crise climatique* » [4]. Naturellement, l'idée que les marchés financiers conduiraient les entreprises à privilégier les avantages financiers à court terme des actionnaires au détriment des intérêts à long terme de l'entreprise est considérée comme une évidence et ne mérite même plus d'être discutée. Enfin, la dernière crise financière liée aux crédits *subprimes* en 2007-2008 n'a pas arrangé les choses et a donné de l'eau au moulin à tous ceux qui veulent toujours plus réguler les activités financières. Il en va de même des différentes bulles boursières qui agitent les marchés et témoignent de l'irrationalité, voire de l'exubérance, des marchés financiers.

L'idée de cet ouvrage n'est pas de nier les excès bien visibles du monde de la finance mais d'essayer de faire la part des choses entre ce qui relève du mythe et des dérives de la finance au XXIe siècle. Pour cela nous nous appuyons autant que faire se peut sur les connaissances issues de la recherche en finance. Ceci étant, il ne s'agit pas de faire une revue exhaustive des travaux de recherche en finance car cela nous emmènerait beaucoup trop loin. Pour cela nous renvoyons les lecteurs à l'ouvrage sur *Les grands auteurs en finance* que nous avons dirigé avec Gérard Charreaux (2017) et qui recense les contributions de 22 grands auteurs en finance, dont de nombreux prix Nobel d'économie, et qui ont fortement contribué à l'essor de la théorie financière moderne et même sa remise en question.

Cet ouvrage traite donc des mythes de la finance. Selon le dictionnaire Larousse, « *le mythe est un ensemble de croyances, de représentations idéalisées autour d'un personnage, d'un phénomène, d'un évènement historique, d'une technique qui leur donnent une force, une importance particulière* ». Le monde de la finance se prête particulièrement bien à des croyances et des représentations idéalisées et ce d'autant plus qu'il s'agit d'un monde immatériel et étranger à la plupart de nos concitoyens. Et puis l'argent a toujours fasciné. Il suffit de voir l'impact dans la conscience collective du roman d'Émile Zola *L'argent* publié en 1891. Ce livre évoque la spéculation financière à une période où Paris est, avec Londres, la première place boursière au monde. Pour écrire son ouvrage Zola s'est inspiré des scandales financiers de son époque, notamment celui de Panama (1889) et du krach de l'Union

4. Oxfam France, *Top 100 des entreprises : l'inflation des dividendes*, 2023, https://www.oxfamfrance.org/app/uploads/2023/06/Rapport-Oxfam-SBF-_dividendes_DEF.pdf

générale (1881-1882). Il a aussi observé et recueilli beaucoup d'informations sur les acteurs de la Bourse de Paris.

Inutile de rappeler que le mythe entretient un rapport complexe à la réalité. Il ne perd pas son pouvoir d'attraction, même lorsque la réalité ne cesse de le démentir. Dans la mesure où le mythe sert à unir et rassurer une société, il devient au contraire d'autant plus précieux et valable que cette réalité s'avère menaçante ou échappe au contrôle comme semble le faire le monde de la finance. Chaque nouvelle crise financière constitue ainsi une raison de plus pour de nombreux observateurs pour dénoncer ses pratiques et appeler à des changements, voire à sa disparition. Le mythe se trouve naturellement renforcé par les dérives du système. Et malgré tout, le monde de la finance continue à tourner.

Comme le soulignent Landier et Thesmar (2017), « *le rejet du capitalisme moderne va de pair avec la nostalgie des Trente Glorieuses, parenthèse de l'histoire un peu exceptionnelle, où un État dirigiste a pu se porter garant de l'avancée conjointe du progrès social et du progrès technique* ». Or, depuis que l'État a privatisé de très nombreuses entreprises dans les années 1980-1990, que de nouveaux marchés financiers sont apparus (MATIF, MONEP), et que l'Europe a pris une orientation libérale avec le marché unique, il semble pour de nombreux Français que rien ne va plus : la faute à la concurrence et à la finance dérégulée. Et si l'on ajoute à cela la nécessaire transition énergétique, on comprend pourquoi la finance et ce qu'elle représente est considérée comme un épouvantail. Or, et cela est notre conviction, on a besoin des marchés financiers pour justement relever les défis du XXIe siècle. On a également besoin d'une meilleure compréhension de leur fonctionnement et des pratiques financières. Il est donc nécessaire, selon nous, d'essayer de briser certains mythes – ou tout au moins de les discuter – de façon à remettre de la raison dans ce débat.

Comme toujours, le monde n'est jamais totalement blanc ou noir : il est plutôt gris. L'objet de cet ouvrage est de distinguer dans les pratiques actuelles de la finance ce qui relève des idées reçues et des faits observables. Le format de ce livre est donc ambivalent. Il ne s'agit pas d'un manuel classique de finance, ni d'un ouvrage purement académique bien que nous faisons référence à des travaux scientifiques quand cela nous paraît nécessaire pour appuyer nos propos. Il n'est pas davantage un pamphlet qui dénoncerait les contempteurs des marchés financiers, même si nous nous devons de citer leurs points de vue. L'angle de ce livre est celui d'une discipline, la finance, enseignée à l'université et dans les grandes écoles de commerce. Passionné depuis ma nomination comme professeur des universités par cette discipline, je m'emploie avec cet ouvrage à démystifier les croyances en matière de finance. Solidement appuyé sur les connaissances scientifiques publiées dans les meilleures revues, cet ouvrage ne plaide pas davantage pour une défense *pro domo* du monde de la finance. La voie ainsi tracée est étroite, mais c'est avec plaisir que nous l'avons empruntée et que nous espérons la faire partager à nos lecteurs.

Nous avons à dessein choisi de traiter d'un certain nombre de mythes financiers tels qu'ils apparaissent dans les débats publics et qui sont relayés dans la presse. C'est ainsi que les huit chapitres qui composent ce livre mettent chacun l'accent sur un mythe financier et les dérives qui l'ont alimenté.

Dans le premier chapitre, intitulé « La finance et sa théorie en question », nous mettons en perspective les enseignements de la théorie financière et les mauvaises pratiques observées dans le monde de la finance. Contrairement à ce que d'aucuns prétendent, ce n'est pas la théorie qui aurait influencé les comportements des acteurs du monde de la finance et la théorie n'explique pas tout. Comme nous l'écrivions dans un article : la plus belle théorie ne peut donner que ce qu'elle a.

Avec le chapitre 2, nous abordons un sujet qui interpelle tous les observateurs : les bulles spéculatives. Pourquoi, alors que l'efficience des marchés a été testée de très nombreuses fois, assiste-t-on à ces emballements des marchés ? La réponse se trouve en grande partie dans la finance comportementale. Afin d'illustrer ces dérives nous présentons le cas de la bulle des valeurs technologiques en 2000 et la crise des crédits *subprimes* en 2008. Bien que cette crise soit d'origine bancaire elle a contribué à l'effondrement d'un système qui est devenu incontrôlable, celui de la titrisation.

Chaque fois que quelque chose ne va pas sur les marchés, le court-termisme est invoqué. C'est la raison pour laquelle nous consacrons le chapitre 3 sur cette question très controversée. À noter que la plupart des arguments cités par les critiques des marchés financiers sont très contestables et que la preuve scientifique du court-termisme reste à démontrer. Certes il y a sur les marchés des acteurs à très court terme mais il existe également d'autres participants qui ont des gestions à long terme. Contrairement à ce que d'aucuns croient, c'est en se positionnant à long terme que les investisseurs sont gagnants en bourse. Bien que les actions soient des actifs très liquides, que l'on peut acheter et vendre instantanément, leur horizon de gestion est à long terme.

Le chapitre 4 aborde une question qui nous est chère et ce d'autant plus qu'elle fait véritablement l'objet d'un mythe : celui de l'exigence démesurée de la rémunération des actionnaires. Ce mythe qui a conduit à affirmer que les actionnaires exigeaient un ROE (*Return on Investment*) de 15 % sans démonstration sérieuse reste cependant un ancrage fort dans la conscience collective des Français. À noter que ce mythe est beaucoup moins répandu dans les pays anglo-saxons.

Bien évidemment, nous ne pouvions esquiver la question des dividendes versés aux actionnaires et des rachats d'actions. Ici encore, la controverse est forte, surtout en France. C'est ainsi qu'après avoir exposé les critiques concernant ces politiques de distribution, nous expliquons dans le chapitre 5 que les dividendes n'enrichissent pas les actionnaires et ne sont pas l'ennemi de l'investissement et que les rachats d'actions ne font pas monter le cours des actions contrairement à ce que beaucoup de commentateurs croient.

Avec le chapitre 6 nous abordons le cas des actionnaires activistes qui sont souvent accusés de tous les maux, dont celui de déstabiliser le management des entreprises. Nous montrons à l'aide de travaux empiriques en quoi l'impact de ces actionnaires activistes peut être positif, même à long terme, sur la performance des entreprises visées.

Comme les dividendes, les rémunérations des dirigeants des grandes entreprises sont souvent considérées comme une dérive du système néo-libéral. Cette question est traitée dans le chapitre 7 avec les *stock-options*. Certes, les niveaux atteints par certaines rémunérations sont choquants pour le grand public, mais sont-elles illégitimes ? Si certains dirigeants se trouvent fortement rémunérés suite à une gestion exceptionnelle, il semble bien que dans de nombreux cas les rémunérations sont indépendantes de leur action. De plus, les *stock-options,* qui sont censées inciter les dirigeants à créer de la valeur, ne sont pas un système exempt de faiblesses.

Avec le dernier chapitre, nous abordons un sujet qui fait également l'objet de beaucoup de controverses : les OPA et les fusions-acquisitions. À travers les cas de l'OPA de Schneider Electric sur La télémécanique et de la fusion Alcatel-Lucent nous montrons que ces opérations peuvent donner le meilleur (donner naissance à un groupe industriel de taille mondiale) comme le pire (une destruction massive de valeur et d'emplois). Ce chapitre se termine avec une question souvent posée : pourquoi les fusions-acquisitions échouent-t-elles parfois, voire souvent ?

En guise de conclusion, il n'est pas question pour nous de prétendre, à l'instar de Pangloss le précepteur de Candide, que « *tout va pour le mieux dans le meilleur des mondes possibles* », surtout en matière de finance. Bien souvent les dérives du système nourrissent les mythes qui à leur tour renforcent la méfiance à l'égard de la finance. Notre souhait est que cet ouvrage contribue à démystifier ce monde si étranger à nos concitoyens. Enfin, et contrairement à ce que d'aucuns prétendent, les marchés financiers ont besoin de droit et de règles pour bien fonctionner. Rien de plus faux que l'idée que le marché serait un *Far West* où seule la loi du plus fort régnerait. En effet, un marché sur lequel seuls les tricheurs gagneraient à tous les coups ne survivrait pas longtemps. Ainsi, il est indispensable de protéger les actionnaires minoritaires et les créanciers contre les actionnaires majoritaires et contre les différentes formes de connivence. C'est en renforçant la transparence et les droits des acteurs que le capitalisme français progressera et renforcera notre économie. C'est en luttant contre les mythes et la connivence entre les acteurs du marché et les pouvoirs publics que le capitalisme français sera mieux accepté et remplira mieux sa mission. Comme le rappelle si justement Sophie Vermeille[5], une avocate spécialisée dans la défense des actionnaires minoritaires, « *les vertus du marché sont supérieures à tout autre système d'organisation et de financement de l'économie, à commencer par le système bancaire* ». Raison de plus pour mieux le comprendre et ne pas céder aux caricatures abusives.

5. https://en-contact.com/sophie-vermeille-avocate-activiste-et-recherchee

Chapitre 1

La finance et sa théorie en question

La finance est non seulement un domaine d'activité économique qui emploie de très nombreux salariés dans les banques, les marchés financiers ou les entreprises, mais c'est également une discipline académique qui relève des sciences économiques et des sciences de gestion en France. Les chercheurs en finance se retrouvent dans des associations académiques comme l'Association Française de Finance (AFFI) en France, ou la prestigieuse American Finance Association (AFA) qui fut créée en décembre 1939 à Philadelphia aux États-Unis et dont l'objet est l'étude et la promotion des connaissances sur l'économie financière. L'AFA publie notamment le célèbre *Journal of Finance*. Il existe naturellement des associations similaires dans les autres pays. Depuis les années 1950, la finance en tant que discipline académique a connu un essor prodigieux accompagnant la croissance de l'industrie financière et ce n'est pas par hasard si de nombreux chercheurs en finance ont été récompensés par le prix Nobel d'économie[1]. Cependant, si les connaissances dans ce domaine ont explosé, donnant naissance à une théorie financière couvrant l'ensemble des activités financières, cette théorie fait l'objet de débats au sein même de la communauté scientifique. Naturellement, ces débats permettent la confrontation d'idées et de travaux qui enrichissent à leur tour le corpus de la finance.

Mais la finance n'est pas qu'un domaine académique. Il s'agit aussi d'un monde bien réel qui fait l'objet de nombreuses polémiques dont s'emparent les journalistes et les dirigeants politiques. Le débat sur la place de la finance dans l'économie se ranime au gré des crises financières. En France, il a été relancé par la première vague de libéralisation des marchés et le krach boursier d'octobre 1987. La crise liée aux

1. En fait, il s'agit de son vrai nom du « Prix de la Banque de Suède en sciences économiques en mémoire d'Alfred Nobel ».

crédits *subprimes* (2007-2008) a naturellement contribué à relancer le débat sur le fonctionnement du monde de la finance. Pour certains économistes, le poids de l'Industrie financière à l'échelle de la planète est tel qu'il est potentiellement source de déséquilibres et de crises graves.

Ce chapitre n'a pas pour objet de trancher ce type de débat. Il ne s'agit pas non plus d'exposer l'ensemble des théories financières : un chapitre n'y suffirait pas. Il s'agit plus modestement de répondre à certaines critiques adressées à la théorie financière et de montrer que les dysfonctionnements du monde de la finance ne sont pas forcément imputables à cette théorie.

La crise financière mondiale commencée en 2007 avec l'explosion des crédits hypothécaires américains *subprimes* a secoué l'ensemble de la planète économique et financière. Cette crise mondiale a interpellé naturellement les citoyens comme les spécialistes de la finance. Elle a placé à nouveau le projecteur de l'actualité sur les mauvaises pratiques des acteurs du monde financier et a miné le peu de confiance que la population pouvait avoir dans les fondements du système économique actuel. De toutes parts des voix s'élèvent pour demander plus de régulation et davantage d'encadrement des activités financières sur les marchés comme dans les banques. Bref, la finance, le « veau d'or » ou plus simplement l'argent, se retrouve une nouvelle fois en accusation. La charge n'est pas nouvelle, surtout en France chez nos dirigeants politiques. Déjà, le général de Gaulle affirmait que « *la politique de la France ne se fait pas à la corbeille* », montrant ainsi que les marchés financiers n'avaient pas à dicter les choix économiques du gouvernement. Au Congrès d'Épinay en 1971, le futur président de la République François Mitterrand accusait « *l'argent qui corrompt, l'argent qui achète, l'argent qui écrase, l'argent qui tue, l'argent qui ruine, l'argent qui pourrit jusqu'à la conscience des hommes* ». Balzac avait certainement raison de considérer l'argent comme l'un des principaux rouages de la pathologie humaine. Notre façon préférée de « régler nos comptes, au propre et au figuré ».

Depuis les années 1960, la recherche en finance s'est fortement développée. La théorie financière a fait des progrès remarquables dans la compréhension des mécanismes financiers des entreprises et a accompagné l'émergence et le développement de nouveaux produits et marchés financiers. Cette théorie est aujourd'hui enseignée dans le monde entier et modèle la pensée de tous les financiers qu'ils soient en entreprise, dans les banques ou sur les marchés. La finance est une discipline des sciences de gestion particulièrement favorisée sur le plan académique dans la mesure où les théories peuvent faire l'objet de validations empiriques grâce à une information accessible à tous. Les développements récents de la recherche en finance vont de la formalisation théorique pure aux modèles et applications pratiques utilisés par les professionnels, en passant par les travaux économétriques sophistiqués visant à tester les théories. Mais « ces progrès » sont loin d'avoir apporté le bonheur aux hommes et aux femmes de cette planète si l'on en juge par la situation actuelle. Peut-on en déduire, qu'à l'instar de l'âne – ce pelé, ce galeux – de La Fontaine, tout le mal viendrait de cette « mauvaise théorie » financière ? Dans quelle mesure cette théorie est-elle responsable des dérèglements actuels de « l'économie réelle » ?

La finance est souvent présentée comme une bulle artificielle étrangère à l'économie réelle et sa fonction n'est pas toujours bien connue. Nombreux sont ceux qui aujourd'hui doutent fortement de la capacité des financiers à répondre aux besoins des entreprises et des particuliers. Plus de vingt après cette déclaration d'un grand banquier français, nombreux sont ceux qui aujourd'hui doutent fortement de la capacité des financiers à répondre aux besoins des entreprises et des particuliers.

L'objet de ce chapitre[2] n'est pas de contester l'approche de Ghoshal (2005) et sa thèse que de mauvaises théories détruisent les bonnes pratiques de management, ni de faire un plaidoyer *pro domo* pour la théorie financière. Plus modestement, nous souhaitons avancer l'idée que la plus belle théorie financière ne peut donner que ce qu'elle a et que les dysfonctionnements observés du système financier ne sont pas forcément imputables aux enseignements prodigués à la suite de ces recherches même si, comme nous le verrons, ces dernières ont légitimé une certaine vision de l'entreprise et des marchés et partant certaines pratiques qui se sont avérées mauvaises.

Dans une première partie nous commençons par faire un tour d'horizon des mauvaises pratiques que nous pouvons observer en finance. Ce constat est suivi d'une analyse de l'influence qu'a pu avoir la théorie sur ces mauvaises pratiques. Dans une seconde partie nous étudions les limites de la théorie financière et son nécessaire renouvellement, notamment à partir du prisme de la finance comportementale. Nous avançons également l'argument que c'est la complexité des systèmes mis en place qui a engendré les mauvaises pratiques. En effet, notre position consiste à dire que si la théorie financière a permis, dans un premier

2. Ce chapitre reprend en grande partie notre article intitulé « La plus belle théorie financière ne peut donner que ce qu'elle a », *Revue Française de Gestion*, n° 228-229, 2012, p. 107-126,

temps, d'améliorer le fonctionnement des marchés et des organisations *via* notamment de nouveaux outils, elle a aussi créé une plus grande complexité qui a généré à son tour de nouveaux problèmes. C'est dans ces nouvelles zones complexes et mal maîtrisées que « le mal », si l'on peut dire, s'est logé et a prospéré.

1. La théorie financière et les mauvaises pratiques en finance

Les scandales financiers et les crises financières qui ont suivi n'ont pas attendu la fin du vingtième siècle pour voir le jour. Avec l'apparition des premières monnaies de papier au XVe siècle en Italie et la création de banques chargées d'émettre cette nouvelle monnaie, notamment au XVIIe siècle en Angleterre, le monde de la finance a connu une véritable révolution. Les banques émettrices ont obtenu la possibilité d'émettre une valeur en billets supérieure à celle de leurs encaisses en or. En France, la banqueroute de Law en 1720 reste encore dans les mémoires et a contribué fortement à la méfiance des Français pour les banques. Considérant que ce qui détermine la prospérité de l'économie c'est la quantité de monnaie injectée, John Law propose au Régent de France la création d'une banque sur le modèle de la Banque d'Angleterre qui sera chargée d'émettre de la monnaie-papier. Rapidement, la spéculation sur les actions de la célèbre Compagnie des Indes ajoutée à l'émission inconsidérée de monnaie-papier auront raison du système mis en place. La Banque de France ne peut honorer les demandes de remboursement : c'est la banqueroute. Les émeutes explosent et les finances publiques s'écroulent.

Ce bref rappel montre que les crises bancaires et financières ne sont pas nouvelles et permet de relativiser la grave crise de la zone Euro depuis 2010. Un fait est néanmoins intéressant à relever : la banqueroute de Law apparaît après une innovation majeure dans le système financier (la création de la monnaie-papier et l'émission d'actions) qui en augmente considérablement la complexité. Presque 300 ans après, le monde de la finance a connu à nouveau une vague d'innovations sans précédent avec la création de nouveaux marchés d'options et de contrats à terme sur toute la planète (dans les années 1980) et les mécanismes de titrisation, notamment des créances hypothécaires à l'origine de la crise des crédits *subprimes* en 2007. D'une certaine façon, la création de l'Euro en 2000 constitue également une grande innovation dont on peut douter de la bonne gouvernance. Dans quelle mesure les dirigeants européens ont-ils bien mesuré la complexité et les exigences de cette nouvelle monnaie et dans quelle mesure les instruments de pilotage sont-ils adaptés pour traverser les zones de turbulence actuelles ? La faute à la théorie ou aux mauvaises pratiques ?

1.1. Les mauvaises pratiques en finance

L'objet de cette section est de recenser un certain nombre de mauvaises pratiques en finance à partir d'observations tirées de l'actualité des entreprises et des marchés financiers comme des banques.

a) En finance de marché

Depuis l'existence même des marchés financiers, les autorités de contrôle ont cherché à éradiquer les délits d'initiés qui permettent à des intervenants bien informés (c'est-à-dire bénéficiant d'une information privilégiée) de s'enrichir à coup sûr. Par exemple, en connaissant à l'avance le prix d'une offre publique d'achat il est facile d'empocher la prime offerte en achetant des actions sur le marché et en les présentant à l'offre. À titre d'illustration, citons le délit d'initié lors de l'OPA de Péchiney (une entreprise publique) sur les actions Triangle en 1988 qui avait défrayé la chronique en impliquant un chef de cabinet du ministre de l'Économie. D'une façon générale, en étant informé avant le marché il est facile de profiter des écarts de cours. Cette pratique condamnable n'est pas toujours facile à détecter par les autorités de contrôle des marchés (AMF, SEC).

Une autre façon de s'enrichir facilement sur le dos des investisseurs est de manipuler les cours. Cela est difficile, voire impossible, à faire si le marché du titre est très large, mais si le volume d'échange est faible il est alors possible de faire monter (ou baisser) le cours et d'en profiter. Alors que personne ne pensait que l'on pouvait manipuler des taux d'intérêt interbancaires, le scandale du Libor (London Interbank Offered Rate) qui a éclaté à l'été 2012 a montré que cela était possible. En effet, ce taux qui sert de référence sur le marché interbancaire a été manipulé pendant plusieurs années par certaines des banques (notamment Barclays) chargées d'en assurer le calcul (cf. encadré 1.1). Au-delà de la culpabilité d'un certain nombre de traders, ce sont les procédures de contrôle interne des banques et la culture bancaire qui sont en cause.

Encadré 1.1

Le récit d'une manipulation

La manipulation concerne le Libor et son cousin européen Euribor, qui sont des taux interbancaires extrêmement importants, parce qu'ils servent de référence à des produits financiers d'une valeur de 500 000 milliards de dollars. Chaque jour à 11 heures, l'Association des banquiers britanniques (BBA) et la Fédération bancaire européenne (FBE) demandent à un panel de banques à quel prix elles empruntent à leurs consœurs. La moyenne des réponses permet de calculer le Libor et l'Euribor. Les traders de Barclays ont compris qu'ils avaient une chance de gagner de l'argent facilement. La logique est simple : s'ils peuvent augmenter ou baisser de quelques points le taux que leur banque soumet à l'association des banques, ils pourront prévoir à l'avance l'orientation du Libor et parier sur les marchés sans prendre trop de risque.

Source : *Le Monde*, 4 juillet 2012.

Une autre mauvaise pratique sur les marchés se trouve également dans les prises de risques excessives par certains opérateurs. Le cas du trader Kerviel qui a fait perdre 5 milliards d'euros à la Société Générale en 2010 illustre ce phénomène et la faiblesse des systèmes de contrôle interne des banques. Certes le trader a dépassé les limites autorisées et a maquillé ses opérations, mais ce dernier prétend que tous les traders le faisaient et que cela était dans la culture de la banque. D'autres cas analogues de « traders fous » pourraient être cités. Toujours sur les marchés, nombreux sont les spécialistes à s'interroger sur les opérations d'achat-vente automatiques (*program trading*) gérées directement par les ordinateurs ou encore les opérations permettant de faire des allers-retours en quelques secondes (*flash trading*).

Dans la catégorie des mauvaises pratiques des banquiers, on peut également citer la vente de « prêts toxiques » à des collectivités locales ou encore la vente de produits d'épargne à des particuliers sur la base d'informations insuffisantes, voire mensongères. Le cas des prêts toxiques est intéressant car il implique des emprunteurs normalement bien informés. En effet, les collectivités locales (région, départements, communes) sont généralement bien pourvues en spécialistes de finance et malgré cela nombreuses sont celles qui ont souscrit à de tels prêts en voulant profiter de taux avantageux, tout au moins à court terme. C'est ainsi qu'en échange d'un taux attractif, certaines n'ont pas hésité à parier sur l'évolution de la parité euro/franc suisse ou encore du différentiel de taux entre deux monnaies étrangères. Malheureusement pour elles ces paris n'ont pas toujours été gagnants et certaines ont vu leurs taux d'intérêt s'envoler. Difficile de savoir (cf. encadré 1.2) si les responsables de ces collectivités locales étaient bien informés par leurs banquiers des risques qu'ils prenaient ou s'ils ont agi dans la perspective de bénéficier de prêts avantageux leur permettant de boucler plus facilement leurs budgets ?

Encadré 1.2

Les élus face au piège des emprunts « toxiques »

À partir des années 2003-2004, au moment de la remontée des taux d'intérêt, certaines collectivités locales parfois très endettées et soucieuses de se donner une bouffée d'oxygène financière à l'approche des municipales ont accepté des banques des formules alléchantes basées sur des taux variables. Ces emprunts dits « toxiques » garantissaient des taux défiant toute concurrence les premières années. Mais, souvent indexés sur des devises étrangères volatiles, ils ont dérapé avec la crise financière. Dans le collimateur des élus, Dexia, qui détient à elle seule 40 % du marché, est en première ligne. Mais on trouve aussi Natixis, la Royal Bank of Scotland (RBS), la Deutsche Bank ou encore la Caisse d'Épargne.

Source : *Le Monde*, 4 novembre 2009.

Enfin, on ne peut passer sous silence l'escroquerie de Bernard Madoff qui a fait perdre à ses clients des sommes colossales, plus de 50 milliards de dollars au total. Le système utilisé est ici relativement simple puisqu'il reprend la célèbre chaîne de Ponzi[3]. On fait croire à des déposants que les revenus de leurs portefeuilles sont gagnés par une bonne gestion alors qu'ils sont alimentés par un prélèvement sur le capital des nouveaux déposants. Le système s'effondre quand un nombre significatif de déposants demandent la restitution de leurs avoirs. Bernard Madoff a pu tromper ses clients grâce à la confiance qu'il avait su leur inspirer. Pour de nombreux déposants c'était « un honneur d'avoir un compte chez Madoff » ... Même des gérants de portefeuille de banques européennes se sont fait avoir en logeant une partie des avoirs de leur clientèle chez Madoff !

3. Une chaîne de Ponzi est un montage financier frauduleux qui consiste à rémunérer les investissements effectués par les clients. Ce montage a été utilisé par Charles Ponzi à Boston dans les années 1920.

b) En finance d'entreprise

Les mauvaises pratiques en finance d'entreprise sont également nombreuses. Parmi celles-ci citons la manipulation des chiffres comptables. Depuis la faillite d'Enron, la pratique des manipulations comptables (Albouy et Perrier, 2003) par les grandes entreprises cotées en bourse, aidées en cela par des cabinets d'audit peu regardants, inquiète la communauté des investisseurs. Suite à la découverte de ces pratiques on ne compte plus les entreprises ayant enregistré des pertes de valeur significatives. On pourrait malheureusement multiplier les exemples de cas de manipulations comptables qui touchent aussi bien les États-Unis que l'Europe et l'Asie. Ces pratiques ont pris une telle ampleur que la SEC demande désormais aux dirigeants des plus grosses entreprises américaines cotées en bourse des déclarations sur l'honneur afin de les impliquer personnellement : ils doivent garantir personnellement, par écrit, sous serment et en vue de publication, que les derniers bilans comptables fournis à la SEC sont à la fois complets et exacts. Dans le monde des grandes entreprises américaines, le truquage des bilans a un objectif : faire monter artificiellement les cours de l'action et enrichir les dirigeants grâce au système des stock-options. En théorie, les stock-options ne sont pas condamnables puisqu'elles permettent d'aligner les intérêts des dirigeants avec ceux des actionnaires, notamment dans le cas des firmes de type managériales à actionnariat dispersé. En effet, dans ce type d'entreprise il est toujours possible de suspecter les dirigeants de ne pas gérer dans l'intérêt de leurs mandants que sont les actionnaires. Lier leur rémunération sur la performance boursière de la société qu'ils dirigent semble *a priori* de bonne pratique. Malheureusement, ces systèmes de rémunération complexes ont été dévoyés par les comportements opportunistes, voire délictueux, de certains dirigeants.

On peut aussi ranger dans la catégorie des mauvaises pratiques en finance d'entreprise tous les systèmes de pilotage et/ou de contrôle exclusivement focalisés sur le court terme au détriment du long terme. C'est ainsi que choisir des projets d'investissement uniquement sur la base du délai de récupération (*payback*) – une pratique largement répandue – peut conduire à de très mauvais choix en privilégiant le court terme. Pourtant, la théorie financière recommande depuis longtemps l'utilisation du critère de la valeur actuelle nette qui nécessite d'évaluer la rentabilité d'un projet d'investissement sur une période à moyen ou long terme (5 à 10 ans).

L'utilisation abusive du recours à l'effet de levier lors d'acquisitions d'entreprises *via* des LBO (*Leveraged buy out*) (Albouy et Bonnet, 2008) peut constituer également une mauvaise pratique financière lorsque le remboursement de la dette étouffe toutes les possibilités d'investissement et donc de croissance future de l'entreprise. À noter cependant que les LBO n'empêchent pas systématiquement les entreprises d'être performantes. Ainsi, selon une étude de la Banque de France (2012), les petites et moyennes entreprises qui constituent l'essentiel des entités restructurées au travers de LBO s'avèrent le plus souvent plus performantes en termes financiers et plus dynamiques que la moyenne.

En matière de gouvernement des entreprises, nombreuses sont les mauvaises pratiques que nous pourrions citer comme le non-respect des droits des actionnaires minoritaires et l'enracinement des dirigeants qui leur permet d'extraire des bénéfices privés au détriment de leurs actionnaires. Ces mauvaises pratiques sont dénoncées dans de nombreux travaux de recherche en finance.

1.2. La théorie financière : une influence sur les bonnes et mauvaises pratiques

Toutes les mauvaises pratiques financières dont nous avons fait état ne sont pas directement le produit de la théorie financière moderne. La plupart de ces comportements délictueux s'expliquent par la cupidité et le cynisme des acteurs concernés. Cependant, on ne peut pas dédouaner la théorie en question dans la mesure où l'on ne peut nier une certaine influence sur les pratiques, bonnes et mauvaises. Cette influence est passée par la réhabilitation des marchés financiers et l'introduction de la régulation marchande au sein même de l'entreprise. Mais la théorie a aussi contribué à promouvoir de bonnes pratiques.

a) La réhabilitation des marchés financiers

La théorie de l'efficience informationnelle des marchés financiers, développée notamment par Fama (1965, 1970), a incontestablement joué un rôle dans la réhabilitation des marchés financiers auprès des décideurs publics et privés. Alors qu'il était de bon ton de railler les cours de la Bourse et leurs comportements erratiques, cela n'a plus été sérieusement possible après l'accumulation de « preuves scientifiques » démontrant l'efficience des marchés financiers dans les années 1970 aux États-Unis mais également ailleurs dans le monde. Dans une revue très fouillée de la littérature sur l'efficience des marchés financiers européens, Hawawini (1984) recensait plus de 280 références de travaux scientifiques concernant 14 pays européens.

Selon Fama, le marché constitue une interface très efficace qui facilite les prises de décisions financières dans l'entreprise et joue un rôle essentiel dans l'allocation optimale des ressources financières (Hamon, 2003). Fama est l'auteur de contributions théoriques très importantes qui vont de la modélisation du prix des titres risqués à la théorie de l'agence, aux décisions d'investissement de financement et de distribution des entreprises, à l'étude des anticipations contenues dans la structure par terme des taux d'intérêt et à leurs liens avec les rentabilités exigées par les actionnaires. Sur un marché efficient, les prix reflètent immédiatement toute l'information disponible. On parle d'efficience faible lorsque l'information est réduite aux cours passés et d'efficience semi-forte lorsque l'on considère toute l'information publique disponible. Ainsi, sur un marché d'efficience faible il ne serait pas possible de « battre systématiquement le marché » en utilisant les cours passés. De même, utiliser l'information divulguée publiquement par les firmes (données comptables, avis d'opérations financières, distribution de dividendes, etc.) ne devrait pas permettre de surperformer systématiquement le marché. Les très nombreuses recherches empiriques sur les marchés ont validé ces hypothèses. Même l'hypothèse d'efficience forte qui consiste à considérer les informations privilégiées ne semble pas infirmée par les travaux de l'époque. Pour Fama, les résultats des nombreux tests empiriques montrent que les cours boursiers anticipent l'arrivée des « informations identifiables » comme les annonces de bénéfice, de dividendes, de modification du taux d'escompte de la Banque centrale ou même de variation du taux d'intérêt sur les bons du Trésor.

Avec ces travaux, l'idée s'est progressivement installée chez les décideurs publics et privés que la seule vraie valeur des actifs financiers et des entreprises était celle donnée par le marché. C'est ainsi que les normes comptables ont été modifiées pour évaluer les actifs et passifs à leur juste valeur de marché. La valorisation à la juste valeur a eu plusieurs conséquences, notamment sur la réglementation prudentielle des banques, sur la mesure du résultat des entreprises et sur le comportement des dirigeants. Par exemple, pour ne pas faire état de pertes sur un actif financier ces derniers étaient incités à les conserver dans l'attente d'un éventuel rebond pour ne pas faire état de pertes comptables.

Le résultat de cette réforme comptable fut d'augmenter la volatilité des résultats des banques comme des entreprises. Au moment même où les professionnels de la finance et de la comptabilité adoptaient le paradigme de l'efficience des marchés, des travaux académiques réalisés dans les années 1980 commençaient pourtant à jeter un doute sur cette hypothèse.

L'idée que la seule valeur qui comptait était celle donnée par le marché a eu pour conséquence de magnifier le concept de création de valeur actionnariale mesurée par l'EVA (*Economic Value Added*). Dorénavant, les dirigeants de l'entreprise se doivent de dégager un profit qui permette de couvrir, voire de surpasser, le coût des capitaux engagés (fonds propres et dettes financières), et non plus seulement d'afficher un résultat comptable positif. C'est à cette condition que la firme peut créer de la valeur pour ses actionnaires. Si en théorie il n'y a rien de choquant à dire que les ressources financières apportées par les actionnaires et les créanciers financiers doivent être rémunérées à leur juste coût ajusté pour le risque, l'application de ces critères de valeur dans les entreprises a entraîné un certain nombre de dérives managériales (Albouy, 1999). Passons sur le fait que la valeur boursière de l'entreprise ne dépend pas exclusivement des décisions stratégiques et opérationnelles des dirigeants mais également et surtout de variables macro-économiques, voire géopolitiques. Nonobstant l'impact très diffus, voire négligeable, des dirigeants sur le cours de Bourse de leur firme, des systèmes de rémunération articulés sur l'évolution des cours ou sur l'EVA furent mis en place ; le couronnement se trouvant avec les stock-options. Alors que ce système de rémunération des dirigeants avait été imaginé essentiellement pour les start-up en manque de capitaux, il fut repris pour de grandes entreprises matures et donnèrent lieu à des abus. Le système des stock-options est, encore une fois en théorie, parfaitement cohérent. En transformant les dirigeants de sociétés cotées en actionnaires potentiels il permettait d'aligner la gestion de l'entreprise sur la valeur actionnariale. Ce faisant, alors que les dirigeants sont normalement en charge de l'intérêt social de l'entreprise (personne morale différente des actionnaires), ils se sont focalisés essentiellement sur le seul intérêt des actionnaires et certains n'ont pas hésité à gérer uniquement en fonction de cela parfois à très court terme. De plus, c'était sans compter sur les comportements opportunistes des acteurs et les faiblesses du gouvernement des entreprises. C'est ainsi que de nombreux scandales allant de la diffusion de fausses informations en vue de manipuler les cours de Bourse au délit d'initié ont éclaté aux États-Unis comme en Europe.

b) L'introduction de la régulation marchande dans l'entreprise

La théorie financière avec ses très nombreux travaux empiriques visant à légitimer le rôle du marché a eu également pour conséquence d'introduire la régulation marchande au sein même de la gestion de l'entreprise. Cela peut s'observer à plusieurs niveaux : de la question de la structure de financement optimale à la gouvernance des entreprises.

Avant Modigliani et Miller (1958), la vision de l'endettement de la firme était vue uniquement à travers le prisme comptable. Il était admis que même si la dette coûtait moins cher que les fonds propres, il ne fallait pas dépasser une certaine limite à l'endettement au risque de mettre en péril la survie de l'entreprise. Avec Modigliani et Miller, les valeurs comptables du bilan font place aux valeurs de marché et la question principale devient de savoir quel est l'impact de l'endettement sur la valeur des fonds propres (capitalisation boursière). Avec un raisonnement d'arbitrage (notamment le célèbre *home made leverage*), ils démontrent formellement dans un monde sans impôt et sur des marchés parfaits que la valeur de la firme est indépendante du niveau d'endettement et qu'en définitive peu importe le mode de financement de la firme. Seule compte la capacité de l'entreprise à générer des *cash-flows* à partir de ses actifs. En introduisant la fiscalité sur les bénéfices et en considérant que les intérêts de la dette sont déductibles du bénéfice imposable, Modigliani et Miller (1963) démontrent que la valeur de la firme augmente avec l'endettement. La raison se trouve dans la valeur actuelle des économies d'impôt liées au coût de la dette. Ces démonstrations parfaitement rigoureuses changeront définitivement la vision que les financiers porteront à la question de l'endettement des entreprises. Dorénavant, s'endetter devient un facteur de création de richesse.

Depuis les travaux d'Akerlof (1970) on sait que sans un mécanisme permettant de signaler la qualité réelle des produits, les marchés caractérisés par un déséquilibre informationnel disparaîtraient. Les conditions d'équilibre des marchés où l'information est asymétrique sont : un signal coûteux et des pénalités en cas de faux signal avéré. Compte tenu de l'asymétrie informationnelle existante entre offreurs et demandeurs de capitaux, un bon moyen de distinguer les « bonnes firmes » des « mauvaises » est de se signaler grâce à la dette. Selon cette théorie, un fort taux d'endettement permet aux dirigeants de l'entreprise de signaler sa bonne santé. La dette constitue un bon signal dans la mesure où il est coûteux et qu'il est fortement pénalisant en cas d'émission de faux. En effet, si la firme s'endette trop et qu'elle n'a pas les cash-flows futurs suffisants au remboursement de sa dette, elle sera contrainte à déposer le bilan. La sanction sera immédiate en cas d'émission de faux signal. On comprend pourquoi l'endettement permet alors de réaliser un équilibre séparateur sur des marchés où sévit l'asymétrie informationnelle. La politique de dividende permet également d'envoyer des signaux au marché (Bhattacharya, 1979). Malheureusement, et contrairement à la théorie, la dette et les dividendes ne sont pas suffisants pour réduire l'asymétrie informationnelle entre investisseurs et dirigeants peu scrupuleux.

La théorie de l'agence (Jensen et Meckling, 1976) en voulant réduire le *free cash-flow* discrétionnaire ira dans le même sens. La dette devient alors un moyen pour discipliner les dirigeants et les obliger à gérer au mieux des intérêts des actionnaires. Jensen (1986) suppose qu'un des moyens les plus efficaces pour réduire le *free cash-flow* est le financement par endettement. Selon Jensen la discipline de la dette est efficace dans la mesure où les créanciers, si le service de la dette n'est pas honoré, peuvent exiger la mise en règlement judiciaire de la société.

Un autre moyen qui sera également utilisé pour réduire les *cash-flows* discrétionnaires à partir des années 1990 est le rachat d'actions. En rachetant leurs actions les entreprises rendent l'argent dont elles n'ont pas besoin à leurs actionnaires. Ces opérations permettent aux actionnaires de contrôler les dirigeants et de s'assurer que ces derniers ne gaspillent pas le *cash* pour leurs propres intérêts (dépenses somptuaires, investissements non rentables, acquisitions réalisées à des prix exorbitants, etc.). Fondamentalement, dans cette vision, la régulation du système repose sur l'hypothèse de marchés fonctionnant suffisamment bien pour évaluer les actifs et la nécessité de contrôler des dirigeants opportunistes *via* l'introduction de la régulation marchande au sein de l'entreprise comme les stock-options. Avec Jensen, la nature de la firme devient contractuelle et marchande. Elle devient assimilée à un nœud de contrats formels et informels ; son comportement est comparable à celui d'un marché dans le sens où la firme, centre contractant, permet de concilier les intérêts conflictuels des différents partenaires grâce à un processus d'équilibrage complexe (Charreaux, 2003).

La théorie financière a également permis de développer des outils utiles aux dirigeants comme les techniques d'évaluation des entreprises fondées sur l'actualisation des *cash-flows* futurs. Le problème ici se trouve moins dans la technique elle-même que dans les facilités qu'elle offre en termes de manipulations des prévisions et donc de valorisations fantaisistes. L'introduction de Facebook sur le marché américain le 18 mai 2012 au prix de 38 dollars l'action constitue un bel exemple de répétition de la surévaluation des entreprises High-Tech et autres *dot. com* douze années auparavant dans les années 1999-2000. À ce prix d'introduction Facebook était valorisée 104 milliards de dollars, soit l'équivalent de 100 fois son bénéfice net ! La préparation de cette introduction boursière a été entourée d'un enthousiasme rappelant les années de la bulle internet, au point que la principale banque organisatrice a accepté de relever le prix et d'augmenter le nombre d'actions introduites quelques jours avant le lancement boursier. Trois mois après (le 2 juillet 2012), l'action cotait 20 dollars soit une perte de valeur de presque 50 % par rapport à son cours d'introduction. Morgan Stanley – la banque chef de file – avait visiblement surestimé ses capacités d'analyse ; à moins que cette valorisation excessive fût intentionnelle ? Mais comment faire une évaluation correcte quand les données sur lesquelles se fonde cette évaluation sont fausses (cf. encadré 1.3) ? On touche ici les limites des outils dérivés de la théorie.

Encadré 1.3

Les faux comptes de Facebook

Dans son premier rapport financier transmis à l'autorité de marché américaine, Facebook reconnait l'existence de 83 millions de faux comptes parmi les 955 millions d'utilisateurs que rassemble le réseau. Ce phénomène, qui touche surtout les comptes dans les pays en développement, va mécaniquement affecter le revenu moyen par utilisateur du réseau. De quoi alimenter les doutes des analystes, mais aussi des annonceurs, selon lesquels Facebook peine déjà à monétiser son trafic. Plusieurs experts ont répété que le cours actuel (20 dollars) reste surestimé. Le niveau actuel de l'action signifie que la société peut se développer de 80 % à 90 % d'une année sur l'autre. Ce qui est impossible selon *Global Equities Research.*

Source : *Les Échos*, 6 août 2012.

La régulation marchande a également atteint la gouvernance des entreprises. En soumettant l'évaluation de la performance des entreprises au taux de rentabilité exigé sur le capital par les marchés financiers, soit directement pour les entreprises cotées, soit indirectement par les interventions des fonds de *private equity*. Comme le précise Gomez (2009), la théorie de la gouvernance actionnariale et financière s'est imposée alors comme cadre normatif aussi bien du gouvernement que du management des entreprises (Charreaux et Wirtz, 2005).

c) L'influence de la théorie financière sur les bonnes pratiques

Comme nous l'avons déjà souligné, la théorie a permis de développer des outils performants permettant d'améliorer les pratiques et de développer des nouveaux produits utiles pour gérer le couple rentabilité-risque sur les marchés. Cette influence se retrouve dans les choix d'investissement comme de financement des entreprises. Grâce à la théorie, les dirigeants ont été sensibilisés à la nécessité d'évaluer la rentabilité et le risque des projets d'investissement sur un horizon temporel à moyen et long terme. De même, en matière de financement, de nombreux progrès ont été réalisés avec la meilleure compréhension de notion fondamentale comme le coût du capital et la création de nouveaux produits financiers comme les obligations convertibles et autres actifs conditionnels. En finance de marché la théorie a permis d'établir des modèles d'évaluation des actifs conditionnels (options) et des contrats à terme. La principale contribution en matière d'options négociables fut incontestablement celle de Black et Scholes (1973). Leur modèle a contribué au développement de ces marchés en donnant de véritables outils de gestion des positions sur des portefeuilles d'options et a ouvert la porte aux innombrables modèles d'évaluation d'actifs contingents. Mais comme le précise Batteau (2003), Black et Scholes (1974) étaient conscients de l'existence de différents acteurs sur le marché. À côté des investisseurs « rationnels » (*smart investors*) qui croient à l'efficience et suivent les prescriptions de la théorie, il faut introduire les « joueurs » (*gamblers*) qui aiment l'investissement risqué et les « allumés » (*fools* ou *noise traders*) qui ne font que produire d'inutiles transactions. Cette dualité entre *smart investors* et *noise traders* fera l'objet de très nombreuses contributions académiques ultérieurement et ouvrira la porte à la littérature sur la finance comportementale. Preuve que même les plus grands contributeurs à la construction de la théorie financière moderne n'étaient pas dupes de la complexité des marchés.

Par ailleurs, s'il convient de reconnaître l'existence de mauvaises pratiques en finance il ne faudrait pas laisser croire que cela soit le lot commun des entreprises. Toutes ne manipulent pas leurs comptes. Tous les dirigeants ne trompent pas leurs actionnaires et les délits d'initié restent fort heureusement un comportement marginal. Il en va des entreprises comme des individus. Certaines ont une bonne réputation auprès de leurs parties prenantes (actionnaires, clients, fournisseurs, salariés) et d'autres sont connues pour le peu de confiance qu'on peut leur faire. La théorie financière qui est la même pour tous ne peut donc expliquer ces différences de comportement. Cela ne signifie pas que cette théorie ne comporte pas de limites et qu'elle soit dédouanée du fait de la forte légitimité qu'elle a donnée aux mécanismes du marché.

2. Les limites de la théorie financière et son nécessaire renouvellement

Il serait facile de rejeter sur le seul comportement humain les mauvaises pratiques que nous avons signalées dans la section précédente et dédouaner ainsi la théorie. Dans cette vision il suffirait de renforcer davantage les contrôles et la régulation du système par les autorités compétentes. Cette piste n'est pas forcément à rejeter mais elle nous semble insuffisante. Ce dont nous avons besoin c'est d'une théorie renouvelée, qui intègre notamment les biais comportementaux des acteurs et qui permette de mieux comprendre la complexité des systèmes mis en place.

2.1. Une complexité qui ne pouvait qu'engendrer de mauvaises pratiques

La finance a connu au cours de ces trente dernières années de très grands changements et de nombreuses innovations avec la création de nouveaux marchés (marchés à terme et d'options) et de nouveaux produits financiers. Si l'on ajoute à cette évolution la globalisation de l'économie, l'utilisation de systèmes informatiques toujours plus puissants et la possibilité de faire des arbitrages instantanément sur toute la planète, on a une petite idée de la complexité du système qui s'est progressivement mis en place. La dérive est ici plus forte en finance de marché qu'en finance d'entreprise. C'est ainsi que la complexité a été mise à contribution pour réaliser des montages structurés complexes, peu transparents, dont l'utilité est loin d'être évidente et dont la compréhension par les investisseurs est limitée. Cette complexité a généré ses propres failles.

a) Tout système complexe génère ses propres failles

Aujourd'hui une connexion Internet permet à tout un chacun de s'informer des cours de tous les actifs imaginables (actions, obligations, contrats à terme, options, matières premières, devises, produits agricoles, etc.) et de faire des transactions. Cela était tout simplement inimaginable il y a seulement 30 ans. Ne parlons pas du début du vingtième siècle, une époque où pour acheter des actions à New York il fallait envoyer par bateau un commis, le télex et le téléphone n'existant pas. Avec l'informatique et internet la finance a vu ses capacités d'intervention décuplées pour le meilleur comme pour le pire. La crise des *subprimes* démarrée aux États-Unis en 2007 a révélé au grand jour le processus de diffusion et de contagion des risques de ces crédits hypothécaires dans le monde entier. La plupart des banques ont été touchées et les conséquences économiques de cette crise financière sont toujours présentes de l'Amérique à l'Asie en passant par l'Europe.

La complexité et la nouveauté ne se trouvent pas uniquement dans les nouveaux produits et marchés financiers mais également dans les entreprises elles-mêmes. L'entreprise traditionnelle composée d'actifs tangibles générant des *cash-flows* à partir de chiffres d'affaires relativement prévisibles a fait place à l'entreprise High-Tech, voire virtuelle. Zingales (2000) a bien montré comment la finance classique et la gouvernance des entreprises sont impactées par cette « nouvelle firme » en émergence. Comment contrôler une entreprise lorsque l'essentiel de sa valeur se trouve dans son capital humain et non dans ses actifs tangibles ? Comment évaluer une entreprise quand ses principaux actifs sont immatériels ? Comment évaluer un réseau social comme Facebook ? Face à ces questions et bien d'autres encore, les outils traditionnels de la finance sont bien insuffisants. Dès lors, il ne faut pas s'étonner de voir apparaître des « petits malins » prêts à profiter des failles du système.

Tout système complexe génère ses propres failles. Cela est vrai dans toutes les activités humaines. Paradoxalement, plus la complexité[4] s'accroît et plus le système devient fragile. Cela est vrai pour la finance comme pour les centrales nucléaires, le système de santé, le transport aérien et maritime ou toute autre activité. On se souvient de la paralysie du transport aérien européen du fait de l'explosion d'un volcan en Islande ou encore de la catastrophe de la centrale nucléaire à Fukushima au Japon. Chaque fois, ces catastrophes font les unes des journaux et on cherche des « responsables ». D'une façon générale, on peut caractériser les systèmes complexes par notre incapacité à expliquer ou à prédire leur comportement : nous sommes démunis pour expliquer le comportement organisé d'une colonie de fourmis, de même que pour

4. Sur la problématique de la complexité, voir les travaux du prix Nobel H. Simon et de J.-L. Lemoigne (1990).

prédire la survenue d'un tremblent de terre ou d'un krach boursier. Dans le monde réel, une partie de la complexité provient de l'irrationalité des acteurs (et de leurs décisions) ainsi que de la multitude d'impacts dès que l'on considère un système ouvert.

Déjà en 1976, Simon nous mettait en garde sur la complexité des systèmes : « *les déconvenues que nous avons eues dans les modèles prévisionnels utilisés pour guider la politique économique peuvent être dues à la complexité intrinsèque du système économique. D'un autre côté, elles peuvent aussi venir du fait que nous avons introduit des hypothèses fausses dans les modèles simples que nous utilisons* ». Cela est également vrai en finance dans la mesure où de nombreuses hypothèses faites pour arriver à des modèles simples et utilisables sont fausses (comme la normalité des taux de rentabilité des actifs financiers).

b) La complexité engendre les mauvaises pratiques

Mais la complexité ne rend pas seulement nos modèles obsolètes. Le problème avec la complexité c'est qu'elle permet, voire facilite, l'émergence de mauvaises pratiques. Face à l'incompréhension engendrée par la complexité des situations, il est possible pour certains acteurs de chercher à profiter de leur position. En finance, la sophistication croissante des marchés et des produits s'est accompagnée de la multiplication des failles soit en raison d'erreurs non intentionnelles, soit en raison de comportements opportunistes. Les erreurs non intentionnelles (comme une mauvaise évaluation d'un titre ou une prise de risque excessive) peuvent résulter des systèmes incitatifs mis en place, mais également de l'incapacité d'avoir des systèmes de contrôle sans failles. Les comportements opportunistes visent à profiter des failles du système, et même à en créer de nouvelles comme on l'a vu avec la comptabilité créative et la manipulation des comptes ou encore les modes de rémunération des dirigeants. Dans ce cas les acteurs n'hésitent pas à s'affranchir du système de contrôle ou à le contourner. Dans la réalité, la frontière entre erreurs non intentionnelles et comportements opportunistes est poreuse et la distinction est parfois difficile à faire (cf. l'affaire Kerviel). Mais l'essentiel ici est de noter que la complexité se trouve à la source des mauvaises pratiques.

Si la théorie financière a permis dans un premier temps d'améliorer le fonctionnement des marchés et des entreprises *via* notamment ses nouveaux outils, elle a créé une complexité qui a généré de nouveaux problèmes. Par exemple, grâce aux options sur devises ou aux marchés à terme il est possible pour une entreprise de gérer son risque de change. Mais utiliser de tels outils n'est pas sans risque surtout si les opérateurs ne sont pas suffisamment compétents ou si ces derniers utilisent à mauvais escient ces instruments. Par ailleurs, si certains opérateurs veulent se couvrir d'un risque (change, taux, etc.) il faut bien que d'autres acceptent de prendre ce risque. C'est le rôle assumé par les spéculateurs qui, contrairement à ce que d'aucuns pensent, sont utiles et nécessaires au bon fonctionnement du marché. Mais cette spéculation poussée à l'extrême et l'excès de confiance dans les modèles peuvent se retourner contre ses acteurs et entraîner le système à sa perte. Le cas du fonds LTCM (encadré 1.4) est révélateur que même les institutions dirigées par des prix Nobel peuvent faire faillite et obliger l'État à intervenir pour éviter un risque systémique.

Encadré 1.4

La faillite de LTCM (Long Term Capital Market)

Situé à Greenwich, dans le Connecticut, le fonds LTCM avait été créé en 1994 par une équipe de première main emmenée par deux économistes nobélisés, Myron Scholes et Robert C. Merton. Il a vite connu le succès grâce au célèbre modèle d'évaluation d'options Black-Scholes. Dès 1995-1996, le fonds rapportait plus de 40 % par an. En 1997, il atteint son apogée avec des actifs de 7 milliards de dollars et des bénéfices de 1,5 milliard. Mais en 1998 LTCM se prend les pieds dans la crise des marchés émergents et s'enfonce dans le rouge, entraînant tous les marchés financiers et les banques dans sa chute.

Source : *Les Échos*, 15 septembre 2008.

Autre exemple : grâce à la titrisation il est possible pour une banque de retrouver de la liquidité en vendant ses créances sur le marché. C'est donc bien une opération utile pour la banque et justifiable socialement. Mais, là encore, la complexité des titres émis peut rendre toute traçabilité et donc toute évaluation impossible. C'est ce que l'on a pu observer avec les CDO (*Collateralised Debt Obligations*) émis notamment lors de la crise des *subprimes*.

D'une certaine façon, c'est le même schéma que par exemple en médecine. On a créé les antibiotiques, mais ceux-ci devenant inefficaces, on se trouve confrontés à des problèmes plus complexes. Les hôpitaux dont la mission est de soigner les patients sont aussi à l'origine des maladies nosocomiales. Dans le domaine des organisations, la complexité entraîne la multiplication des contrôles et des coûts associés ce qui crée de nouveaux problèmes. Ainsi, la finance n'est qu'une facette d'un problème beaucoup plus général et qui vise l'ensemble des activités humaines qui ont tendance à se complexifier avec les progrès de la science.

2.2. Comment infléchir les mauvaises pratiques ?

Faire un état, même incomplet, des mauvaises pratiques en finance est une chose. Montrer que ces mauvaises pratiques sont le fruit de la théorie financière moderne en est une autre. Les théories développées en finance ont permis sans aucun doute de faire de nombreux progrès dans la compréhension du monde financier et ont permis de construire des outils de gestion utiles pour les entreprises et les opérateurs de marché. De ce point de vue, la théorie n'est pas à rejeter en bloc. Mais en même temps, comme nous avons essayé de le montrer, cette théorie a eu deux impacts importants. D'une part elle a légitimé d'une façon peut-être excessive le rôle du marché financier dans la gestion des entreprises et, d'autre part, elle a contribué à une complexité croissante du système financier le rendant ainsi plus fragile et ouvert à des comportements opportunistes des acteurs. Mais pouvait-il en aller autrement avec la mondialisation des échanges ? La réponse à cette question est négative. Avec la croissance des flux financiers, la volatilité des cours des actions, des prix des matières premières, des taux d'intérêt et de change, il a bien fallu mettre en place des outils permettant de gérer tous ces risques induits que ce soit pour les entreprises et les gestionnaires de fonds. Les nouveaux marchés avec leurs produits financiers n'ont fait qu'accompagner ces besoins. Cette nouvelle technologie financière, issue en grande partie de la recherche en finance, n'est pas mauvaise en soi et elle n'est pas davantage porteuse de mauvaises pratiques, bien au contraire. C'est plutôt l'usage qui en est fait par certains opérateurs qui l'est. On retrouve ici même le débat sur la responsabilité de la recherche en physique nucléaire dans l'usage qui en a été fait au cours de la seconde guerre mondiale. C'est toujours la même problématique qui anime encore aujourd'hui les débats sur les nanotechnologies et leurs utilisations potentiellement dangereuses.

L'idée qu'une « meilleure théorie » pourrait améliorer les pratiques reste cependant une question ouverte. En effet, à supposer même que ces « bonnes théories » existent – ce qui reste à démontrer – il faudrait encore que les praticiens les connaissent pour infléchir leur comportement. Et dans quelle mesure la simple raison suffirait-elle ? Quand on voit le temps et le nombre de formations qu'il a fallu faire pour essayer d'infléchir les méthodes de choix d'investissement dans les entreprises en insistant sur la nécessité de privilégier des critères à long terme (comme la valeur actuelle nette), on peut légitimement douter que de bonnes théories peuvent détruire les mauvaises pratiques.

Plus modestement, il nous semble qu'on peut espérer un infléchissement des pratiques en comprenant mieux le comportement des acteurs et en renouvelant les théories financières. Ceci étant, rien n'est assuré dans la mesure où les acteurs ne sont pas forcément les utilisateurs des théories.

a) Mieux comprendre le comportement des acteurs

Tout d'abord, il convient de reconnaître que la finance, *a contrario* de la physique, relève des sciences sociales même s'il lui arrive d'utiliser un appareil mathématique de niveau comparable. Cela signifie que ce qui se passe sur les marchés et les entreprises n'est que le résultat des jeux des acteurs. De ce point de vue, les hypothèses que l'on est amené à faire sur ces acteurs (banquiers, dirigeants d'entreprise, investisseurs, etc.) sont essentielles.

D'une façon générale, la théorie financière moderne suppose que les individus adoptent un comportement parfaitement rationnel recherchant à maximiser leur utilité espérée et cette formalisation repose sur plusieurs axiomes (Broihanne *et al.*, 2005). Cette axiomatique est essentiellement due à von Neumann et Morgenstern (1944). Malgré les apports considérables de ces auteurs à la théorie économique des choix en univers incertain, la rationalité parfaite des acteurs a été contestée par les chercheurs en finance comportementale[5]. De nombreux exemples du comportement humain montrent en effet que les choix des individus ne sont généralement pas en accord avec ce que prédit l'hypothèse de rationalité parfaite. Pour Tversky et Kahneman (1974), les individus confrontés à un choix complexe opèrent des simplifications ou raccourcis de raisonnement. Les décisions sont alors régies par des règles simplifiées (ou heuristiques).

Au-delà de ces simplifications il semble également que le comportement des acteurs financiers se traduit par de nombreux biais, comme les biais de sur-confiance, d'optimisme, de pessimisme, de sur-réaction et de sous-réaction. Cela concerne même les analystes financiers, une population qui devrait pourtant se montrer exemplaire en matière de rationalité dans la mesure où leurs avis impactent les décisions des

5. Voir le dossier sur la finance comportementale, *Revue Française de Gestion*, vol. 31, n° 157, juillet-août 2005.

investisseurs. Comme le montrent Huong Dinh et Gajewski (2005), des prévisions biaisées et hétérogènes influencent négativement la convergence des prix vers la valeur fondamentale. Les prix de marché pourraient, dans ces conditions, ne pas refléter la valeur fondamentale des actifs financiers.

b) Renouveler les théories financières

L'appel au renouvellement des théories en finance n'est pas nouveau. C'est même plutôt une constante. À chaque congrès de la prestigieuse American Finance Association l'adresse inaugurale met l'accent sur cet impératif. Zingales (2000) plaide même pour une refondation de la finance. Mais 20 ans après, cette refondation semble se faire attendre.

En finance d'entreprise, l'étude du comportement des acteurs s'avère également fructueuse pour comprendre l'action des dirigeants dans des opérations de fusions-acquisitions mais également dans les décisions d'investissement et de financement. Selon Bessière (2007), la prise en considération de l'excès de confiance ouvre des perspectives nouvelles en finance d'entreprise même si l'effet du biais n'est pas forcément négatif. De même, la gouvernance des entreprises peut être revisitée à la lumière du prisme comportemental. Ainsi, selon Charreaux et Wirtz (2005), l'action des différents mécanismes de gouvernance peut s'analyser en fonction de leur incidence sur les coûts d'agence et les biais comportementaux.

D'une façon encore plus générale, il nous semble important de réintroduire dans les recherches en finance la prise en compte des externalités des décisions prises par les dirigeants. Au lieu de limiter l'analyse aux frontières de l'entreprise il conviendrait de l'élargir. De ce point de vue, les travaux sur la responsabilité sociale de l'entreprise et la finance éthique sont à encourager. Comme le rappellent Martinet et Reynaud (2004), l'idée générale du concept d'externalité dû à Alfred Marshall est que l'activité de l'entreprise et/ou les décisions des dirigeants peuvent affecter son environnement, au-delà du marché, sans qu'il ait acceptation préalable. Ainsi, la firme de la théorie néo-classique qui poursuit la maximisation de son profit ou de sa valeur de marché est incitée à utiliser gratuitement les économies externes que lui procure son environnement. Cela est bien connu mais toute la difficulté réside dans la complexité de la mise en œuvre de politiques publiques prenant en compte justement ces externalités pour mieux encadrer les marchés et réduire les risques liés aux mauvaises pratiques. Vaste programme à l'heure de la dérégulation des marchés et de la mondialisation des entreprises !

Conclusion

Les mauvaises pratiques en matière de finance de marché comme d'entreprise existent et ont eu même tendance à s'amplifier avec la complexité croissante du système financier et son développement exponentiel. Dans ce chapitre nous avons voulu défendre l'idée que la plus belle théorie financière ne peut donner que ce qu'elle a et que les dysfonctionnements observés du système financier ne sont pas forcément imputables aux enseignements prodigués à la suite de ces recherches. Même si les théories financières ne donnent qu'une représentation simplifiée (trop ?) de la réalité, elles ont permis d'accompagner le développement des marchés financiers et des outils de gestion financière nécessaires pour gérer les différents risques des entreprises. Paradoxalement, les mauvaises pratiques que nous avons dénoncées n'invalident pas, bien au contraire, certains présupposés des théories financières. C'est ainsi que la théorie de l'agence qui stipule que les différents acteurs sont opportunistes et cherchent à maximiser leurs propres intérêts, même au détriment des autres, se retrouve illustrée par l'actualité. De même, la théorie des signaux qui suppose l'existence d'une asymétrie informationnelle entre offreurs et demandeurs de capitaux est bien au cœur de la problématique du fonctionnement des marchés financiers avec des informations manipulées, voire fausses, véhiculées par les acteurs. Certes, les réponses apportées par ces théories sont insuffisantes et elles ont parfois légitimé certaines pratiques qui se sont avérées contestables, mais peut-on jeter le bébé avec l'eau du bain ? L'idée que de « bonnes » théories peuvent et doivent détruire les mauvaises pratiques est séduisante mais est-il si sûr que les théories influencent autant les comportements humains ? Peut-on rendre responsables les théories financières de la cupidité, du mensonge et autres travers humains ? En d'autres termes, si renouveler les théories financières est une nécessité, est-ce suffisant pour générer de bonnes pratiques ? Il nous semble que le problème va bien au-delà de la finance. S'il suffisait d'une « bonne théorie » pour rendre l'Homme plus humain, éradiquer le mensonge et supprimer les comportements opportunistes, voire la barbarie, cela serait magnifique.

Chapitre 2

Bulles spéculatives et efficience des marchés financiers

Le 5 décembre 1996, Alan Greenspan, alors président de la Fed, prononçait un discours mettant en garde contre la surévaluation des marchés d'actions, résumée dans une formule restée célèbre, « *l'exubérance irrationnelle des marchés* ». Il s'avéra avoir tort, du moins à court terme : les marchés d'actions ont continué de grimper de record en record pendant plus de trois ans jusqu'à l'explosion de la « bulle Internet » à partir de mars 2000. Ainsi la bulle des valeurs des valeurs technologiques liées à l'Internet a bien fini par exploser. Si les bulles spéculatives existent réellement et finissent tôt ou tard par exploser, cela remet-il en cause l'efficience des marchés financiers ? À noter que les bulles spéculatives peuvent concerner d'autres marchés comme celui de l'immobilier en 2008 qui a entraîné la crise des *subprimes* ou même celui des bulbes de tulipes en Hollande au XVIIe siècle. C'est dire.

En effet, les crises financières et les bulles spéculatives ne datent pas d'aujourd'hui. Ainsi entre 1634 et 1637 la Hollande a connu une véritable euphorie pour les bulbes de tulipes. Comme pour toute bulle qui se forme, les acheteurs qui se précipitaient pour acquérir des bulbes de tulipes n'étaient pas tous fous. Tant que les acteurs sur le marché partageaient la conviction que le bulbe se revendrait plus cher le lendemain, les cours pouvaient encore monter. Cela pouvait être même une stratégie très rationnelle d'enrichissement à condition de vendre avant que le consensus ne se retourne. Dans une telle situation, mieux vaut bien sûr ne pas être le dernier à vendre.

Considérée par beaucoup d'historiens comme le premier krach de l'histoire des marchés, la bulle spéculative de la tulipe a été popularisée par Charles Mackay qui a publié *Extraordinary popular delusions and the masdness of crowds* en 1841. Charles Mackay raconte ainsi dans son ouvrage qu'en février 1637, alors que les prix étaient au plus haut, il fallait dépenser plus de quinze fois le salaire annuel d'un artisan spécialisé pour acheter un seul bulbe de la meilleure variété. Comme sur tous les marchés à terme, les contrats changeaient plusieurs fois de mains avant qu'une quelconque livraison ne soit effectuée. Mais la hausse insensée connut un coup d'arrêt. Face à ces prix exorbitants les acheteurs devinrent frileux et les vendeurs ne trouvèrent plus de clients. Et ce fut le krach. Les prix des bulbes s'effondrèrent pour ne jamais remonter. Des milliers de spéculateurs furent ruinés et le pays plongea dans la dépression.

Le bon fonctionnement des marchés financiers est fondamental pour une économie de marché. Ils constituent un mécanisme d'allocation des ressources financières et de rémunération de l'épargne, et *in fine* un moyen de financement de l'économie. Ils permettent aussi de gérer les risques qui surviennent dans l'économie réelle et la sphère financière. Les marchés financiers permettent une mise en relation directe entre les offreurs et les demandeurs de capitaux contrairement au système bancaire qui est un système intermédié. En effet, les banques recevant des fonds du public les emploient pour effectuer des opérations de crédit et des opérations financières. Les risques encourus sont alors de nature très différente comme on l'a vu avec la crise des crédits *subprimes* en 2008.

Depuis la seconde moitié du XXe siècle les marchés financiers n'ont cessé de se développer dans le monde entier (même dans la Chine communiste) et de se sophistiquer. C'est ainsi que les montants d'actifs gérés ont explosé et que de nouveaux marchés de produits dérivés sont apparus, notamment pour gérer les risques de taux d'intérêt (marchés à terme de taux d'intérêt) et de portefeuilles d'action (marché d'option négociable). À cet égard, il est intéressant de relever que la création de ces nouveaux marchés en France s'est faite pendant le septennat du président socialiste François Mitterrand : MATIF en 1986 et MONEP en 1987. Naturellement, ce n'est pas pour simplement imiter la place financière de Chicago que ces marchés de dérivés ont été créés, mais bien pour répondre à des besoins de gestion.

On distingue de nombreux marchés que l'on peut classer par type d'actifs : le marché des actions, le marché des taux d'intérêt, le marché des changes, la bourse de commerce où s'échangent des matières premières et des produits agricoles, etc. Tous ces marchés contribuent au développement de l'économie mondiale et jouent un rôle irremplaçable dans l'allocation des ressources.

Mais si les marchés sont irremplaçables, ils ne sont pas exempts de critiques et de dérives. On constate parfois la formation de bulles spéculatives qui en explosant causent d'immenses dégâts et remettent en question le paradigme de leur efficience.

Ce chapitre est structuré de la façon suivante : dans une première partie nous exposons la thèse de l'efficience des marchés financiers qui constitue un pilier de la théorie financière moderne, puis dans une deuxième partie nous questionnons cette thèse avec l'existence des bulles spéculatives. Vu l'importance que la crise des crédits *subprimes* de 2008 a eu sur l'économie mondiale nous consacrons la troisième partie à cette crise financière qui est d'origine bancaire et qui constitue une dérive importante du système financier.

1. La théorie de l'efficience des marchés financiers

Comme le rappelle Aftalion (2004), il y a plus de 100 ans que Louis Bachelier a montré dans sa *Théorie de la spéculation* (1900) que, sur un marché boursier, ni les acheteurs ni les vendeurs ne peuvent réaliser des profits systématiques et que les prix sur un tel marché suivent une marche aléatoire. Plus tard, en 1934, Working établit qu'il n'y avait pas de corrélations entre les variations successives des prix sur divers marchés et Kendall (1953) devait obtenir des résultats similaires pour la Grande-Bretagne. Quelques années plus tard, Samuelson (1965) démontra dans un article célèbre intitulé « *Proof That Properly Anticipated Prices Fluctuate Randomly* » que des prix correctement anticipés fluctuaient de façon aléatoire. En effet, si le marché a intégré toutes les informations disponibles et pertinentes, seules de nouvelles informations – non connues du marché et non anticipées par construction – peuvent faire varier les cours de façon aléatoire. Ainsi, la théorie des marchés efficients était née.

1.1. La contribution éminente d'Eugène Fama

C'est véritablement à Eugène Fama que l'on doit en grande partie la construction de la théorie de l'efficience informationnelle des marchés financiers. Ses travaux sur les prix des actifs financiers lui ont valu le prix Nobel d'économie (Prix de la Banque de Suède) en 2013. La même année le jury de la Banque de Suède décernait également son prix à Robert Shiller. Cette décision surprit certains commentateurs qui ne comprenaient pas comment on pouvait en même temps décerner un prix pour récompenser des travaux sur l'efficience des marchés et un autre pour des travaux qui contestaient justement cette efficience. L'explication se trouve dans le fait que ce prix récompense une ou plusieurs personnes pour leur contribution exceptionnelle dans le domaine des sciences économiques et qu'il n'a pas vocation à valider les théories en question.

Comme le précise Jacques Hamon (2017), « *l'efficience informationnelle n'est pas une fin en soi ; c'est plutôt un des moyens de s'assurer de la qualité de l'efficience allocationnelle* ». Dans cette veine, le point important est de savoir si le marché fixe les prix de telle façon qu'ils puissent constituer des signaux suffisamment crédibles pour orienter les décisions économiques. Dans sa revue de la littérature de 1991, Fama reprend la définition proposée par Jensen en 1978 qui tient compte des frais de transaction et de ceux liés à l'activité de prévision : « *sur un marché efficient les cours reflètent les informations jusqu'au point où les gains supplémentaires tirés d'une exploitation de l'information sont juste égaux aux coûts supplémentaires à mettre en œuvre* »[1]. Dans la plupart des manuels de finance « *un marché dans lequel les cours de bourse reflètent complètement l'information disponible est dit efficient* ». Même si cette vision est réductrice, elle n'en demeure pas moins parlante.

Selon Fama (1970), on peut distinguer trois formes d'efficience en fonction des informations considérées :

- l'efficience *faible* lorsque l'information est représentée par l'ensemble des cours passés ;
- l'efficience *semi-forte* lorsque l'on considère toutes les informations publiques disponibles (chiffres comptables, annonces d'opérations financières : dividendes, rachats d'actions, augmentations de capital, etc.) ;
- l'efficience *forte* lorsque l'on considère l'ensemble des informations existantes y compris celles non rendues publiques détenues par les « initiés ».

L'hypothèse de l'efficience des marchés d'action (*Efficient Market Hypothesis* : *EMH*) a fait l'objet de très nombreux tests scientifiques dans les années 1970-1990 tant sur les marchés américains qu'européens, voire asiatiques. En général c'est la forme faible de l'efficience qui fut testée même si certains travaux ont cherché à tester la forme semi-forte. Ainsi, les « preuves scientifiques » de l'EMH se sont

1. Cité par J. Hamon, *op. cit.*

accumulées au fil du temps et sur tous les marchés du monde. La quantité d'études empiriques réalisées sur ce thème est véritablement impressionnante et il est hors de question de faire ici une revue exhaustive de la littérature. Vu la quantité de travaux académiques validant l'EMH, cette hypothèse est devenue au fil du temps un quasi-dogme difficilement contestable.

1.2. Les implications de l'efficience des marchés

La force du paradigme de l'efficience des marchés financiers vient non seulement des preuves empiriques fournies par de très nombreux travaux réalisés sur pratiquement toutes les places financières existantes, mais également de la vision de la finance qu'elle permet de dessiner. Avec l'EMH le monde devient plus simple et il est possible de bâtir toute une théorie financière notamment à partir d'un raisonnement d'arbitrage. C'est ainsi qu'ont pu être dérivés les célèbres propositions de Modigliani et Miller sur la structure financière (1958) et la politique de dividende (1961) de la firme, ou encore le modèle d'option de Black et Scholes (1973) pour ne citer que ces éminentes contributions[2].

Enfin, l'EMH est bien utile à tous les chercheurs qui veulent étudier les « réactions » du marché à l'annonce d'opérations grâce à la méthodologie largement éprouvée des « études d'évènement ». À noter que cette méthodologie est non seulement utilisée pour étudier l'impact d'opérations financières comme les fusions-acquisitions, les augmentations de capital, l'émission de dettes, le versement de dividendes, le rachat d'actions, etc., mais également pour des décisions comme le remplacement des dirigeants, l'annonce d'un plan de licenciement, etc. C'est bien parce que les marchés sont supposés efficients qu'on va pouvoir attribuer un contenu informationnel à l'annonce qui est faite.

Dans leur ouvrage qui est devenu une véritable référence pour tous les professeurs et étudiants en finance, Richard Brealey et Stewart Myers (1981) présentent en quelques leçons les implications de l'efficience des marchés pour les gestionnaires financiers.

a) Les marchés n'ont pas de mémoire

L'efficience de forme faible nous enseigne que les cours passés et leurs variations ne contiennent aucune information sur les cours futurs. En d'autres termes, l'analyse des cours passés ne permet pas de prévoir le futur.

---

2. Nous pourrions naturellement citer bien d'autres contributions reposant sur le célèbre raisonnement d'arbitrage.

b) Vous pouvez faire confiance au cours de bourse

Sur un marché financier efficient les investisseurs peuvent faire confiance au marché pour évaluer correctement les actions des sociétés dans la mesure où toute l'information disponible est intégrée dans les cours. Cela signifie que, sur longue période, il n'est pas possible pour un gérant de portefeuille de faire des performances, ajustées pour le risque, systématiquement supérieures au marché.

c) Il n'existe pas d'illusions financières

Selon l'EMH, seuls les *cash-flows* futurs comptent pour évaluer l'entreprise : les investisseurs ne sont pas dupes des manipulations comptables visant à « gérer » le résultat. Cette conséquence devrait réjouir tous ceux qui craignent être les victimes de telles manipulations comptables. De même, certaines opérations financières comme les rachats d'actions ou les distributions d'actions gratuites ne sont pas susceptibles de créer de la valeur.

d) Faites vous-même vos arbitrages ou votre diversification

Sur un marché efficient, il n'existe pas de prime de rentabilité pour des montages que les investisseurs peuvent faire eux-mêmes. Par exemple, le fait qu'une firme soit diversifiée ne peut pas lui permettre d'offrir une meilleure rentabilité (ou valorisation) que si elle ne l'était pas dans la mesure où les investisseurs peuvent très bien dupliquer cette diversification eux-mêmes. Ainsi, la prime à la diversification n'existerait pas et cela explique pourquoi le marché préfère des firmes « pures ».

Enfin, comme il n'est pas possible de battre systématiquement le marché à long terme, il est inutile de rémunérer des gérants de portefeuilles ; autant adopter une gestion passive en répliquant le marché. D'où l'essor de la gestion indicielle.

2. Les bulles spéculatives et la remise en cause de l'efficience des marchés financiers

Toute théorie a vocation à être remise en question et l'EMH en a fait les frais. Bien que solidement documentée l'EMH a été remise en question, même si elle reste encore un pilier de la connaissance en finance.

Suite à de nombreux travaux empiriques toujours plus sophistiqués, l'hypothèse de l'efficience des marchés financiers a été remise en question par la communauté scientifique des financiers, tout au moins par une partie d'entre elle. La remise en cause de l'EMH a été difficile à faire tant les « preuves » de l'efficience avaient été accumulées et que la « croyance » était bien établie dans la communauté. Dans cette remise en question, l'approche de la finance comportementale a joué un rôle non négligeable ainsi que l'existence de bulles spéculatives.

2.1. *La bulle des valeurs technologiques*

La bulle spéculative des valeurs technologiques qui a connu son apogée en mars 2000 est révélatrice de l'engouement excessif que peuvent susciter des sociétés œuvrant dans des activités en pleine transformation et susceptibles de prendre beaucoup de valeur. Face aux perspectives considérées comme exceptionnelles, les investisseurs se sont jetés sur les valeurs technologiques dans l'espoir d'un nouvel eldorado. Ces sociétés d'informatique et de télécommunications ont vu ainsi leurs capitalisations exploser. De même, les sociétés liées au commerce électronique et aux biotechnologies. Aveuglés par les promesses de croissance et de gains faramineux, les investisseurs ont délaissé les modèles d'évaluation fondés sur les cash-flows futurs de la finance classique et se sont mis à parier sur des sociétés, souvent cotées au NASDAQ. Des sommes considérables ont alors été investies dans des sociétés nouvelles dont certaines n'avaient même pas fait de bénéfices. Les investisseurs découvraient le monde des start-up et ont largement exagéré les perspectives futures. À leur décharge, il faut dire que face à la naissance d'une « nouvelle économie » il est difficile de garder la tête froide.

C'est ainsi que, de 1995 à 2000, l'indice IXIC du marché électronique NASDAQ a été multiplié par 5 en cinq ans ; une progression qui à l'évidence n'était pas soutenable. Le graphique 2.1 montre la formation et l'explosion de la bulle en 2000.

Alors que la baisse des taux d'intérêt avait alimenté la formation de la bulle, sous la pression de la remontée des taux d'intérêt à long terme (graphique 2.2) de 1998 à 2000, la bulle finit par « éclater » à partir de mars 2000, sous forme d'un krach, s'étendant à l'ensemble des bourses et provoquant une récession économique de ce secteur et de l'économie en général. Tous les profits réalisés depuis 1995 par les 4 300 sociétés du NASDAQ sont volatilisés par les pertes gigantesques de 2000-2001 (145 milliards de dollars)[3].

3. https://fr.wikipedia.org/wiki/Bulle_Internet

Graphique 2.1. – *L'explosion de la bulle des valeurs technologiques*

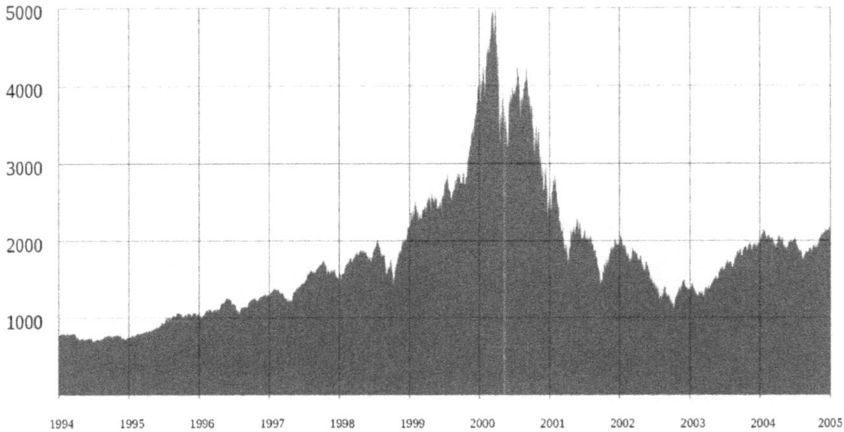

Source : Indice IXIC du marché électronique NASDAQ.

Graphique 2.2. – *La hausse des taux d'intérêt américains de 1998 à 2000*

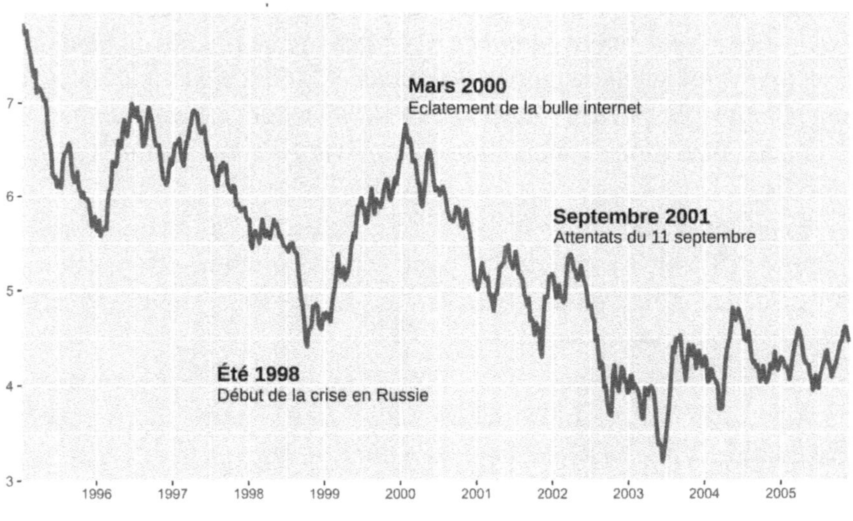

Source : Taux d'intérêt des emprunts d'État américains à 10 ans (1995-2005).

2.2. *La remise en cause de l'efficience des marchés financiers*

Qui n'a pas été tenté d'acheter des actions lorsque les cours montent afin de profiter de la hausse ? Quand les prix montent, enrichissant ceux qui ont acheté, la rumeur se répand par les médias, le bouche à oreille fonctionne et d'autres investisseurs se mettent à acheter entretenant ainsi la hausse. Un *feedback* positif se met alors en place. L'important à ce stade n'est plus de savoir si l'action est à son juste prix – sa valeur fondamentale – mais d'anticiper ce que les autres vont faire. La hausse entretient alors la hausse et le marché se déconnecte de la réalité économique. Afin de justifier les prix atteints, comme lors de la bulle des valeurs technologiques en 2000, les zélateurs parlent alors de « nouvelle ère » ou de nouveaux modèles d'évaluation. C'est ainsi que les justifications les plus sophistiquées (par exemple les modèles d'options appliquées aux valeurs internet) comme les plus simples (par exemple la valeur d'un abonné potentiel pour évaluer une entreprise de télécommunication) sont avancées. Si le feedback n'est pas interrompu il va se former une « bulle » spéculative. La hausse des cours, entretenue seulement par des anticipations sur les futurs prix, et non sur les cash-flows futurs, arrive tôt ou tard à un niveau insoutenable et la bulle explose

Cette théorie du feedback est très vieille, même si elle est peu citée dans les manuels de finance. La spéculation sur les tulipes dans les années 1630 en Hollande est un exemple célèbre de ce mécanisme.

L'éclatement de la bulle des valeurs technologiques et la chute des cours qui s'en suivit après 2000 sont également des épisodes intéressants pour les tenants de l'école comportementale. Shiller (2002) fait ainsi remarquer à partir des indices de confiance produits par la *Yale School of Management* que le pourcentage d'investisseurs anticipant une hausse du marché au cours de l'année suivante, et un rebond suite à une baisse, avait considérablement augmenté sur la période 1989-2001. Ainsi en avril 2000, l'indice de confiance des investisseurs individuels était de 76,4 et en juillet 2001 il était à 90,0. Au début de 2002, environ 90 % des investisseurs individuels anticipaient une hausse du marché pour les 12 mois à venir... Comme pour la bulle spéculative des tulipes en Hollande dans les années 1630, Shiller fait remarquer que les gens au moment de la bulle internet parlaient d'une nouvelle économie qui allait propulser les cours toujours hauts. Ainsi les médias expliquaient à cette époque que la valorisation des entreprises de cette nouvelle économie ne pouvait se faire avec les outils traditionnels de la finance et justifiaient ainsi les cours « exubérants » des start-up.

Shiller a été l'un des premiers à s'intéresser à l'excès de volatilité des marchés. Pour démontrer sa proposition il a cherché à voir si les variations de dividendes – principale variable censée expliquer la valeur des actions dans la théorie traditionnelle – pouvaient expliquer les fluctuations des cours des actions. Pour cela il a étudié la relation entre la variance des prix de marché et la variance de la valeur fondamentale des actions. La valeur fondamentale est alors calculée à partir de la chronique des dividendes passés en utilisant le célèbre modèle de

Gordon-Shapiro. Shiller montre ainsi que la volatilité des prix de marché est en fait très largement supérieure à celle de la valeur fondamentale, ce qui confirmerait l'excessive volatilité des marchés et leur comportement irrationnel. Cet excès de volatilité des cours par rapport à la valeur fondamentale a relancé la controverse sur l'efficience des marchés et leur rationalité.

Mais les marchés financiers ne sont pas les seuls à fabriquer des bulles spéculatives. L'immobilier est également susceptible de tels comportements. C'est ainsi que Shiller s'est aussi intéressé au marché immobilier et à la formation des bulles sur ce marché. C'est ainsi qu'il a mis en évidence la bulle du marché immobilier américain dans les années 2006-2007. Cette bulle a naturellement alimenté, à l'époque, la croyance que l'immobilier ne pouvait que monter et qu'il n'y avait aucun risque à s'endetter pour acheter un bien immobilier. La crise des crédits *subprimes* n'était pas loin.

3. La crise des crédits *subprimes* de 2008

Comme nous l'avons dit dans l'introduction, cette crise financière est d'origine bancaire. Naturellement, avec le quasi-effondrement du système bancaire, notamment américain, cette crise s'est transmise aux marchés financiers. L'année 2008 restera longtemps dans les annales comme l'année noire de la finance, un peu comme la crise économique de 1929 est restée gravée dans l'inconscient collectif du monde occidental. Commencée en France avec l'affaire Kerviel, un trader qui a fait perdre quelque 5 milliards d'euros à la Société Générale avec des positions spéculatives d'un montant supérieur aux fonds propres de la banque, elle se termine avec l'escroquerie géante de Bernard Madoff, un gérant de fonds américain et ancien président de la bourse des valeurs technologiques de New York (le Nasdaq), qui a fait perdre 50 milliards de dollars à ses clients. Entre temps, la crise des *subprimes*, des CDO et autres actifs titrisés, ainsi que des emprunts « toxiques », auront eu raison de la prestigieuse banque américaine Lehmann Brother et failli envoyer au tapis les plus grandes institutions financières mondiales.

Le sauvetage *in extremis* du système financier mondial n'est dû qu'à l'action conjuguée des États qui n'ont pas hésité à injecter des centaines de milliards pour assurer la liquidité et garantir les dépôts afin d'éviter une crise systémique. Au final sur l'année 2008, le CAC 40 a reculé de – 42,7 %, l'EURO STOXX 50 de – 44,3 %, le S&P 500 de – 38,4 % et le NIKKEI de – 42,1 %. Sur les marchés de taux, la faillite de Lehmann

Brother a provoqué une paralysie des marchés interbancaires et a propulsé les taux à très court terme vers des sommets. Le climat de défiance extrême a incité les investisseurs à se reporter vers les emprunts d'État, provoquant un effondrement des rendements obligataires. Que s'est-il passé, se demandent encore le citoyen informé et le petit investisseur ? Un véritable tsunami sur la planète financière !

3.1. Retour sur la crise des crédits subprimes

Comme le souligne Simon (2009), l'origine de la crise de l'été 2007 est à rechercher dans l'économie réelle et les comportements exubérants ou pathologiques de certains de ses acteurs, et non pas dans l'existence des *hedge funds* et de la titrisation Cette crise est fondamentalement liée à la titrisation des créances hypothécaires émises auprès d'emprunteurs américains peu solvables (les fameux crédits *subprimes*). Il s'agit d'une technique financière qui consiste à transformer les créances détenues par des établissements de crédit en titres négociables, *via* la création de structures *ad hoc* : le *Special Purpose Vehicle* (SPV) ou Fonds commun de créances. Selon Jacquillat (2009), la titrisation présente pour son initiateur de multiples avantages : l'opportunité de diversifier les sources de financement, le transfert à des tiers de la gestion de remboursements anticipés et donc du risque de taux de refinancement, le respect des ratios de solvabilité bancaire (ratio Cooke) et la création d'un nouveau produit financier négociable. L'avènement de la titrisation a constitué, à l'instar de la création des marchés d'options négociables et de contrats de futures, une révolution financière fondamentale dans la mesure où cette technique représente la généralisation du transfert des risques financiers à ceux qui sont théoriquement les mieux à même de les assumer. En théorie…

Les CDO (*Collateralised Debt Obligations*) sont des véhicules de titrisation. Les CDO permettent de rendre liquides des titres que ne le sont pas spontanément, aux banques de se refinancer auprès d'investisseurs qui souhaitent prendre un risque sur un portefeuille de dettes, risque qui peut être plus ou moins élevé selon la nature des dettes détenues par le véhicule et le rang de priorité plus ou moins élevé des dettes émises. La banque qui fait le montage du CDO scinde le portefeuille en différentes tranches afin que les premiers risques de défaut soient supportés par les parts dites « actions ». Ces dernières sont souscrites par des *hedge funds*, les autres parts théoriquement moins risquées sont souscrites par des investisseurs exigeant des placements de qualité. À noter que la liquidité des CDO est faible.

Avec la baisse très forte des taux d'intérêt mis en œuvre par la banque centrale américaine (Fed) pour endiguer la chute des marchés d'actions après l'explosion de la bulle des valeurs internet en 2000 (de 2000 à 2003, les taux de la Fed sont passés de 6,5 % à 1 %), le nombre de logements construits aux États-Unis a fortement augmenté et les prix de l'immobilier se sont envolés. Cette demande de l'économie « réelle » a soutenu la croissance économique américaine et a été financée par l'émission de crédits immobiliers dont les fameux crédits *subprimes* à taux variables. Ces crédits ont été titrisés et l'émission de CDO a explosé.

Tant que les prix de l'immobilier étaient à la hausse tout allait bien, et surtout les risques sur les *subprimes* étaient pratiquement nuls puisqu'en cas d'insolvabilité de l'emprunteur la vente de la maison permettait de rembourser la banque. Mais lorsque les taux de la Fed se sont mis à remonter (de 1 % en 2004 à plus de 5 % en 2006), de plus en plus d'emprunteurs se sont trouvés dans l'impossibilité d'honorer leurs dettes et les taux de défaut ont augmenté. La hausse des taux d'intérêt, combinée aux ventes forcées, ont provoqué un retournement brutal du marché immobilier américain. Conséquences : les prix de vente des maisons ne couvraient plus le montant de la dette et les parts les plus risquées des CDO ont brutalement chuté de valeur. Certains *hedge funds* se sont retrouvés en difficulté et d'autres ont fait faillite (comme Bear Stearns).

Suite à la baisse de valeur des titres, les agences de notation se retrouvèrent dans l'obligation de réviser à la baisse les notations de nombreuses émissions de CDO. Comme par ailleurs, les investisseurs (SICAV, fonds de trésorerie, etc.) sont tenus de respecter (*via* la SEC aux États-Unis ou l'AMF en France) des règles de répartition d'actifs par niveau de risque pour leur clientèle, ils se sont mis à rééquilibrer leurs portefeuilles et ont vendu en masse les CDO dégradés liés au financement de l'immobilier américain. Ces ventes massives entraînèrent une perte de liquidité sur les marchés de titres de type CDO. Les fonds monétaires dynamiques ne pouvant honorer les rachats de leurs clients (particuliers, entreprises) faute de pouvoir revendre leurs CDO ont alors suspendu leur cotation (BNP Paribas) ou ont décidé leur dissolution anticipée (Oddo, AXA, etc.).

Mais la crise ne s'est pas arrêtée là. La dissémination des « actifs toxiques » dans l'ensemble du système financier international a fragilisé les banques, dont certaines ont fait faillite comme Lehmann Brother et d'autres ont dû leur survie grâce à l'action des gouvernements.

L'incertitude sur la qualité des contreparties est devenue telle que le marché interbancaire s'est asséché : les banques refusant de se prêter entre elles. Cette crise de liquidité s'est ensuite répercutée sur les ménages et les entreprises, entraînant une baisse de la consommation et de la production. Bref, de bancaire la crise est devenue économique… et mondiale.

3.2. Quelques enseignements[4]

Les différentes crises financières du début du XXIe siècle ont naturellement jeté un trouble dans la belle construction académique de la finance néo-classique. De nombreux grands chercheurs[5] ont mis en évidence certaines fissures ou anomalies particulièrement significatives. Il n'est pas question ici de revisiter toutes ces contributions mais de mentionner quelques voies de recherche.

a) Le risque : une variable à retravailler

La finance c'est l'économie du temps et du risque. Pour les financiers le risque est leur matière première : il se gère, se négocie et se transmet. La théorie financière moderne repose pour l'essentiel sur une modélisation du risque représentée par la loi normale. C'est en effet à Markowitz que l'on doit le premier grand modèle de gestion de portefeuille reposant sur l'optimisation d'une frontière rentabilité-risque dans les années 1950. Un peu plus tard, dans les années 1960, naîtra le célèbre modèle d'équilibre des actifs financiers (MEDAF ou CAPM en anglais) avec les contributions majeures de Sharpe, Lintner et Mossin. Plus tard encore, viendra le très célèbre modèle de Black et Sholes (1973) permettant d'évaluer les options sur actions et adopté par toute la communauté financière des marchés. Certains disent même que ce modèle est à l'origine de l'industrie des produits dérivés… Bien d'autres modèles viendront compléter ces bases théoriques qui ont été couronnées de plusieurs prix Nobel d'économie. Point essentiel et commun à ces modélisations le risque est mesuré par l'écart-type de la distribution des taux de rentabilité (supposée normale). Or, c'est là que le bât blesse : les taux de rentabilités ne sont pas distribués de façon normale. La probabilité que des variations extrêmes se produisent est plus grande que ce qu'indique la loi normale. En d'autres termes, les queues de distribution sont plus épaisses ; les Anglo-Saxons parlent de

---

4. Cette partie reprend l'essentiel de notre article « Crise financière : quelles leçons pour la finance ? », *Revue Française de Gestion*, vol. 35, n° 193, avril 2009, p. 15-20.
5. Nous renvoyons le lecteur à notre ouvrage *Les grands auteurs en finance*, 2e éd., ouvrage collectif dirigé par Michel Albouy et Gérard Charreaux, *op. cit.*

fat tales. Des évènements jugés très improbables dans la loi normale ne sont, en fait, pas si improbables que ça dans la réalité des marchés. De là découle toute la plus ou moins bonne appréciation des risques encourus, comme dans les modèle de *Value at Risk* (VaR) utilisés par les banques pour gérer leurs risques. La modélisation du risque au-delà de la loi normale reste une avenue de recherche incontournable. Encore faudrait-il que les professionnels révisent leurs modèles. Or il semble que les pratiques des gérants et des agences de notation reposent en grande partie sur des hypothèses de normalité des rendements qui au final donnent des règles de gestion non pertinentes.

b) Le pari contre les évènements rares

Traditionnellement les banques empruntent des liquidités à court terme pour prêter à long terme aux entreprises à des taux supérieurs. En faisant cela, elles parient sur le fait que le marché monétaire sera toujours liquide, ce qui est en pratique toujours le cas. Or avec l'assèchement du marché interbancaire sur lequel s'emprunte l'argent à court terme, les banques n'ont pas pu se refinancer. La liquidité qui est normalement la règle sur le marché interbancaire a brusquement disparu entraînant avec elle les graves difficultés qu'ont connues les banques. Autre exemple : celui des rehausseurs de crédit dont le métier est d'assurer les créanciers contre le risque de défaut. En échange d'une garantie d'intervention ils encaissent des primes d'assurance. Normalement le risque qu'ils couvrent ainsi ne doit pas se matérialiser sauf cas très improbable de défaillances généralisées. Ils empochent ainsi des primes censées couvrir un risque qui ne doit pas se produire… La crise a montré que ce risque n'était pas virtuel.

D'une certaine façon les banques américaines qui prêtaient à des ménages peu solvables faisaient le pari que la valeur de l'immobilier ne pouvait pas baisser et que leurs créances hypothécaires étaient sécurisées, ou encore de façon plus cynique que la bulle immobilière se dégonflerait après leur départ : « après nous le déluge » ! Qui pensait sérieusement, à part quelques rares spécialistes, que le décrochage de l'immobilier américain serait comparable à celui des années 1930 ? La finance des évènements rares obéit à des logiques différentes de la finance traditionnelle qui modélise à peu près correctement les situations dans 95 % des cas. Mais avec la survenance de chocs macro-économiques de plus en plus violents, les 5 % restant ne peuvent plus être négligés.

c) Le comportement des acteurs et leur système d'incitation

Le comportement des acteurs de la finance ne peut plus également être négligé. Avec la théorie de l'agence formalisée initialement par Jensen et Meckling (1976), nous savons pourtant tous que le modèle de rationalité substantielle de la finance traditionnelle rend compte de façon très imparfaite du fonctionnement des organisations. Les agents censés gérer dans l'intérêt de leurs mandants s'écartent parfois de leurs obligations et recherchent aussi à maximiser leur propre intérêt. Bref, il faut compter avec leur comportement opportuniste et calculateur.

d) Les ménages : un acteur financier à redécouvrir

Dans la crise des crédits *subprimes*, nombreux ont été ceux qui ont pointé le doigt sur les banques, les marchés financiers et les dirigeants des grandes entreprises. Assez paradoxalement, les ménages, notamment américains, qui se sont endettés au-delà de limites raisonnables n'ont pas fait l'objet de beaucoup d'attention. Pourtant l'endettement et l'épargne des ménages se trouvent au cœur même de nos économies de marché. Cette crise a pris sa source dans les risques encourus par de très nombreux particuliers avec les crédits *subprimes*. En soi chaque risque individuel était faible, mais ces risques agrégés au sein de produits structurés très largement disséminés auprès des banques et autres investisseurs sont devenus explosifs. Une fois titrisées, les créances des particuliers sont devenues des instruments financiers très difficilement évaluables, notamment en matière de risque. Bien entendu, le comportement des ménages a été amplifié par les courtiers en prêts d'autant plus scrupuleux qu'ils passaient le bébé à des banques qui à leur tour le repassaient à des investisseurs *via* leur machine à laver (la titrisation). Tant que le marché immobilier était orienté à la hausse, tout allait bien. La mécanique s'est enrayée lorsqu'il s'est retourné de façon brutale. L'investissement immobilier est trop souvent présenté aux particuliers comme étant sans risque. Tout le monde a entendu l'adage « *la pierre ne ment pas* » ou « *la pierre c'est du solide* ». Cette croyance populaire dans la valeur de l'immobilier qui ne peut que monter ou au pire ne pas baisser est également au cœur de la crise. Contrairement aux marchés d'actions ou d'obligations qui font l'objet de très nombreuses recherches, le marché des particuliers est relativement peu étudié. Une meilleure compréhension des comportements individuels des ménages face à leurs investissements, notamment immobiliers, est nécessaire.

Conclusion

Les différentes crises financières éclairent avec une lumière particulièrement crue certains dysfonctionnements observés dans les banques mais également dans les entreprises industrielles et commerciales. Contrairement à ce que l'on pensait, de nombreux mécanismes d'incitation des managers se sont retournés contre les actionnaires. C'est bien entendu le cas pour les banques avec les bonus faramineux des *traders* qui les incitent à dépasser leurs limites, mais également de ceux chargés de commercialiser des créances titrisées comme les fameux CDO (*Collaterised Debt Obligations*). Ne pas entrer dans le jeu de la production massive de CDO était un comportement difficile à adopter lors des *subprimes* compte tenu des bonus indexés sur le volume d'affaires. De même, les *stock-options* attribuées aux dirigeants des entreprises dans le but d'aligner leurs intérêts sur ceux des actionnaires n'ont pas toujours bien fonctionné et se sont parfois retournés contre les actionnaires[6]. C'est ainsi que les *stock-options* ont incité de nombreux dirigeants à adopter une gestion à trop court terme, voire à se livrer à des manipulations comptables visant à doper artificiellement le cours de bourse de leur société. Ces mêmes *stock-options* ont été aussi parfois à l'origine de délits d'initié.

Mais la révision à faire ne s'arrête pas à une meilleure analyse de ces mécanismes incitatifs et aux problèmes d'asymétrie d'information dans les contrats. Il faut mieux intégrer dans nos recherches le comportement irrationnel des agents : dirigeants, actionnaires, investisseurs, créanciers, etc. La finance traditionnelle repose encore trop sur l'hypothèse de rationalité. En fait, ces acteurs ne sont pas dénués de sentiments et de biais de comportement comme l'excès de confiance dans leurs décisions d'investissement ou de financement. Ils pêchent également parfois par excès d'optimisme et/ou de pessimisme. La recherche en finance comportementale s'est fortement développée ces dernières années, mais visiblement ce programme de recherche doit être amplifié.

6. Voir le chapitre 7 sur les dirigeants et les stock-options.

Chapitre 3

Le court-termisme : entre mythes et réalités

Le 31 décembre 2018, le président de la République française, Emmanuel Macron, déclarait en présentant ses vœux aux Français que « *le capitalisme ultra libéral et financier, trop souvent guidé par le court terme et l'avidité de quelques-uns, va vers sa fin* ».

Lors de sa campagne victorieuse pour les présidentielles de 2012, François Hollande déclarait le 22 janvier 2012, à l'occasion de son discours au Bourget : « *Qui est mon véritable adversaire ? Il n'a pas de nom, pas de visage, pas de parti, il ne présentera jamais sa candidature, il ne sera donc pas élu, et pourtant il gouverne. Cet adversaire, c'est le monde de la finance. Sous nos yeux, en vingt ans, la finance a pris le contrôle de l'économie, de la société et même de nos vies. Désormais, il est possible en une fraction de seconde de déplacer des sommes d'argent vertigineuses, de menacer des États* ».

Inutile d'aller chercher à l'extrême gauche de l'échiquier politique pour entendre une critique encore plus dure du capitalisme. Ainsi, le président Nicolas Sarkozy déclarait à Davos en janvier 2010 : « *Le capitalisme purement financier est une dérive qui bafoue les valeurs du capitalisme (...). Alors moi je crois, Professeur Schwab [le fondateur du World Economic Forum de Davos], qu'on n'a pas le choix. Ou bien nous changerons de nous-mêmes, ou bien les changements nous seront imposés. Par quoi ? Par qui ? Par les crises économiques, par les crises politiques et par les crises sociales. Faisons le choix de l'immobilisme et le système sera balayé, et il l'aura mérité !* »

Voilà trois citations récentes de présidents de la République française, de bords politiques différents qui vont dans le même sens du rejet du capitalisme financier. En remontant le temps, nous aurions pu y ajouter celle du président François Mitterrand lors du congrès d'Épinay de juin 1971 sur « *l'argent qui corrompt, l'argent qui achète, l'argent qui écrase, l'argent qui tue, l'argent qui ruine, et l'argent qui pourrit jusqu'à la conscience des hommes !* », et celle du général de Gaulle qui avait déclaré à l'occasion d'une conférence de presse le 28 octobre 1966 que « *la politique de la France ne se faisait pas à la corbeille*[1] ».

À travers ces déclarations des plus hauts dirigeants politiques de la France depuis la seconde guerre mondiale, on mesure le rejet de la finance et des marchés financiers accusés entre autres de privilégier le court terme au détriment du long terme. Et pourtant, malgré ces déclarations tonitruantes et ces accusations, les marchés financiers continuent à fonctionner et à orienter l'épargne des ménages vers les entreprises[2].

Plus spécifiquement, ce chapitre s'intéresse à la question du court-termisme des investisseurs et des marchés financiers, de sa réalité et de son impact sur la gestion des entreprises.

Dans la veine de ces déclarations, le discours public attribue une part notable de la responsabilité du changement climatique, des dommages environnementaux et des mauvais traitements infligés aux parties prenantes au court-termisme boursier. Selon Mark Roe (2022) qui a examiné les travaux empiriques économiques existants sur le court-termisme boursier il est essentiel d'évaluer l'impact de cette vision à court terme sur l'ensemble de l'économie pour l'élaboration des politiques. Plus précisément, les décideurs politiques doivent se demander si l'économie ne parvient pas à investir ou à réduire la R&D en raison d'un marché boursier affligé d'un horizon temporel tronqué.

Dans une première partie nous commençons par exposer les arguments des tenants du court-termisme des marchés et des investisseurs. Nous verrons à cette occasion que les preuves de ce court-termisme restent à démontrer scientifiquement. C'est en cela que le court-termisme des marchés financiers peut être considéré comme un mythe.

Dans une seconde partie nous étudions le rôle de certains acteurs, managers de fonds d'investissement et dirigeants d'entreprises, qui peuvent prendre, pour différentes raisons, des décisions à court-terme. C'est ainsi que nous avançons l'argument que le court-termisme loin d'être le fait des marchés et des investisseurs est davantage celui des acteurs qui gèrent pour le compte d'autrui, y compris les dirigeants

1. À cette époque, la Bourse de Paris n'était pas encore dématérialisée et les agents de change négociaient directement les actions autour de la « corbeille », terme qui signifiait la Bourse.
2. Allusion à la célèbre phrase « Et pourtant elle tourne » prononcée par Galilée en 1633 après avoir été forcé devant l'Inquisition d'abjurer sa théorie que c'est la Terre qui tourne autour du Soleil ; doctrine qui était alors considérée comme hérétique par l'Église.

d'entreprises cotées, et qui retirent des avantages à ce mode de gestion. Naturellement, tous les dirigeants d'entreprises ne sont pas court-termistes et l'on connait beaucoup de belles entreprises qui savent gérer leur développement à long terme avec l'appui de leurs actionnaires.

1. Le mythe du court-termisme des marchés

Comme les déclarations des dirigeants politiques cités en introduction l'attestent, il est généralement admis que les marchés financiers forceraient les entreprises à gérer à court, voire même à très court terme. C'est ainsi que de nombreux observateurs de la vie économique expliquent que les « licenciements boursiers », les fermetures d'usines, les délocalisations, etc. seraient le résultat de cette pression à court terme des marchés. Bref, c'est ce prétendu court-termisme imposé par le monde de la finance qui serait à l'origine de nos problèmes économiques et sociaux actuels. Même la Commission européenne s'en est inquiété dans son rapport sur le développement durable[3] : « *L'accent mis par les instances décisionnelles au sein des entreprises sur la maximisation à court terme du profit réalisé par les parties prenantes, au détriment de l'intérêt à long terme de l'entreprise, porte atteinte, à long terme, à la durabilité des entreprises européennes* ». Alors qu'en matière de protection des entreprises européennes face aux Américains et aux Chinois l'Europe ne fait pas grand-chose – ce qui serait pourtant dans sa vocation – la Commission européenne enfonce le clou du court-termisme des marchés. Mais sur quoi repose cette idée que les marchés financiers imposeraient une gestion à court terme ?

Deux principales observations sont généralement mises en avant pour valider l'existence d'un court-termisme des investisseurs financiers. Tout d'abord, le fait que la durée de détention des actions a tendance à se réduire et l'importance croissante des investisseurs institutionnels dans le capital des entreprises d'autre part. Deux observations qui bien que réelles n'impliquent pas forcément une obligation de gestion à court terme de tous les investisseurs et des entreprises. Par ailleurs, le fait que des entreprises comme les start-up n'affichant aucun bénéfice arrivent à trouver des financements à long terme *via* le *private equity* devrait faire réfléchir les tenants du court-termisme des investisseurs, de même que l'effort soutenu en R&D des grandes entreprises.

---

3. *Study on Directors' Duties and Sustainable Corporate Governance*, Commission européenne, juillet 2020.

1.1. La baisse de la durée de détention des actions, les algorithmes de gestion et la gestion passive

En janvier 2011, Mickael Hudson[4] fit grand bruit en déclarant que la durée moyenne de détention des actions à la bourse de New York était de 22 secondes en moyenne en prenant en compte le trading haute fréquence. Ce chiffre démontrait à lui seul le court-termisme des opérateurs et donc des marchés. Il ne fallut pas longtemps pour que ce chiffre soit repris par un économiste français et même un homme politique. C'est ainsi que le leader de La France Insoumise Jean-Luc Mélenchon, ancien candidat à l'élection présidentielle française, déclarait : « *Savez-vous sur la masse totale des actions dans le monde quelle est la durée moyenne de possession d'une action aujourd'hui ? C'était six mois un temps, avant c'était six ans, maintenant c'est vingt secondes. Vingt secondes parce que le trading haute fréquence fait qu'on achète et qu'on vend sans arrêt* » [5].

Reprenant la même source américaine, Pierre-Yves Gomez[6] écrivait dans *Le Monde* qu'il était difficile de soutenir la légitimité des actionnaires « *quand l'engagement moyen dure moins d'un an, voire 22 secondes... Le rythme des échanges de titres menace la justification de l'actionnariat et la santé des entreprises qui seraient ainsi en hypertension* » [7]. Ainsi, la légitimité des actionnaires serait remise en cause à partir d'un tel chiffre ? Évidemment, afin de lutter contre le comportement des opérateurs sur les marchés financiers qui passent leur temps à effectuer des mouvements courts d'allers-retours sur des titres il faudrait instituer un nouvel impôt comme le propose Frédéric Lordon[8].

Nous pourrions citer d'autres déclarations de ce genre cherchant à démontrer sur la base des chiffres sur la durée moyenne de détention des titres non seulement le court-termisme des actionnaires mais également et surtout leur manque de légitimité pour gérer les entreprises.

---

4. Michael Hudson est un économiste américain, professeur d'économie à l'Université du Missouri-Kansas City et chercheur au Levy Economics Institute du Bard College, ancien analyste de Wall Street, consultant politique, commentateur et journaliste. Il est connu pour ses analyses critiques du néo-libéralisme et des marchés financiers.

5. https://www.liberation.fr/checknews/2017/10/20/est-il-vrai-que-la-duree-moyenne-de-detention-d-une-action-est-de-20-secondes-en-moyenne-comme-affir_1652636/

6. Pierre-Yves Gomez, professeur de stratégie à l'EM Lyon, s'intéresse surtout à la dimension politique du gouvernement des entreprises et sur son lien avec la stratégie. Ses travaux l'amènent souvent à critiquer le fonctionnement du capitalisme financier.

7. https://www.lemonde.fr/economie/article/2016/03/17/l-actionnariat-en-risque-d-hypertension_4884958_3234.html

8. Dans le numéro du *Monde diplomatique* de févier 2007, l'économiste Frédéric Lordon proposait la création d'un nouvel impôt, le SLAM, comme *Shareholder Limited Authorized Margin*, dans le but de transformer les structures de la finance et agir contre le court-termisme des acteurs.

Naturellement, nous contestons ces analyses qui sont loin de démontrer le court-termisme des actionnaires.

Selon Bertrand Jacquillat (2011)[9] le court terme n'est pas l'ennemi. « *On s'étonne et on est surpris, voire scandalisé, du "court-termisme" des investisseurs à l'aune de la durée moyenne pendant laquelle ils détiennent les mêmes titres. Sur tous les marchés financiers développés, celle-ci s'est réduite en vingt ans de plus d'une année à quelques mois. Faut-il s'en alarmer ? Non, car cette évolution n'est que la conséquence de l'irruption des technologies sophistiquées dans les systèmes de négociation des actions.* »

Comme le souligne Jacquillat[10], « *on est passé d'un marché de titres avec localisation géographique précise et concentration de moyens humains importants pour assurer la cotation, qui faisait ressembler le marché à un monopole naturel sur une zone géographique donnée, à un fonctionnement en réseau à distance. Les évolutions technologiques ont entraîné une diminution des coûts opérationnels des systèmes de transaction avec des conséquences tant au niveau des investisseurs que des opérateurs. Pour les investisseurs, une diminution considérable des frais de transaction (passés en vingt ans de plus de 2 % à 0,1 %, soit une baisse de plus de 90 %) entraînant l'apparition de nouveaux modes de gestion ; pour les opérateurs, une hausse tout aussi considérable des volumes de transactions, multipliés par près de 500 en trente ans, améliorant ainsi la liquidité des marchés* ».

Pour Robert Kissel (2020), le *program trading* si décrié est devenu avec l'évolution de la technologie *algorithmic trading*, mais le *modus operandi* est pratiquement le même. Pour Jacquillat, « *il ne s'agit rien de moins que de modèles financiers et statistiques qui, analysant et traitant des données de valorisation de sociétés, déclenchent, par un ensemble d'algorithmes informatiques préprogrammés, des instructions de passage d'ordres de Bourse avec pour objectif de profiter d'inefficiences ou de déséquilibres très passagers entre titres, voire classes d'actifs, segments de marché ou marchés géographiques différents. Par essence, ces inefficiences sont à la fois très faibles et très passagères. La nature même de ces inefficiences et la faiblesse des coûts de transaction ci-dessus évoqués ont permis l'apparition de nouveaux modes de gestion et l'émergence de nouveaux types d'investisseurs ayant pour seul objectif de tirer parti d'inefficiences passagères*

9. https://www.lesechos.fr/2011/02/le-court-termisme-nest-pas-lennemi-388169

10. Bertrand Jacquillat est un économiste français spécialiste de finance, professeur émérite à l'université Paris-Dauphine et cofondateur du cabinet de conseil en analyse financière *Associés en Finance*. Ancien président de l'AFFI, il est membre du Cercle des économistes.

qu'ils croient déceler ». Au passage, et cela n'est pas négligeable, signalons que cette activité de trading permet d'améliorer sensiblement la liquidité et la profondeur des marchés.

À noter cependant que ces transactions automatisées sont largement utilisées par les banques d'investissement, les fonds de pension, les *mutual funds* et les *hedge funds*.

Naturellement, ces transactions automatisées ont entraîné une augmentation des volumes de titres échangés et, en corollaire, la diminution de la durée de détention moyenne des titres. Ce phénomène est en partie à l'origine de l'accusation de court-termisme formulée à l'encontre de ceux-ci. Mais ce phénomène ne remet pas en cause le fait que de nombreux investisseurs gèrent leurs portefeuilles à long terme.

S'agissant des actionnaires, il convient tout d'abord de distinguer les actionnaires de référence des actionnaires investisseurs ainsi que des *day traders*. Les actionnaires de référence font partie du bloc de contrôle de l'entreprise et n'ont pas vocation à faire du trading. Ils gardent leur participation dans le capital de l'entreprise généralement pendant plusieurs années et participent à la stratégie de l'entreprise. Remarquons que ces actionnaires n'hésitent pas à renforcer leurs positions quand ils pensent que le cours de leur société est, pour des raisons conjoncturelles, trop bas à leur goût[11].

S'agissant des investisseurs il y a naturellement tous les cas de figure possible. Certains investissent à long terme, d'autres à moyen ou court terme et d'autres font effectivement des achats-ventes rapides (*day traders*). Mais dans ce dernier cas peut-on encore parler d'investisseurs ? Il n'est d'ailleurs pas prouvé que leur activité frénétique de trading leur fasse gagner systématiquement plus que les stratégies d'investissement passives à long terme. Certains investisseurs, comme Warren Buffett, se positionnent clairement à long terme et affichent des performances très appréciables. L'encadré 3.1. récapitule les principales recommandations de Warren Buffett, fondateur du célèbre fonds Berkshire Hathaway[12], qui conseille d'investir à long terme.

---

11. Par exemple suite à la chute de 20 % de l'action LVMH depuis le sommet de 2023. Bernard Arnault a mis à profit pour acheter pour plus de 200 millions d'euros d'actions. https://www.capital.fr/entreprises-marches/lvmh-bernard-arnault-achete-des-actions-a-tour-de-bras-le-plus-bas-en-bourse-derriere-nous-1478799

12. Berkshire Hathaway est un conglomérat et une société d'investissement basé à Omaha dans le Nebraska aux États-Unis. La société est dirigée par Warren Buffett et Charlie Munger. Selon le Forbes Global 2000, elle est classée en 2022 première entreprise mondiale parmi celles qui ont recours à un appel public à l'épargne. La stratégie d'investissement du fonds se caractérise par des prises de participations importantes et à long terme dans des multinationales en essor durable, comme Disney, Coca Cola, Gillette, Apple, Goldman Sachs, etc.

Encadré 3.1

Les recommandations de Warren Buffett

Warren Buffett n'a jamais fait mystère de ses principes d'investissement. Régulièrement, il les passe en revue dans sa lettre annuelle aux actionnaires de Berkshire Hathaway. Ses principes sont fondamentalement au nombre de trois :

1. Première règle d'or : ne choisir que des entreprises qui occupent des positions dominantes, dans un métier durable, dont le savoir-faire est difficile à copier, et qui ont démontré dans le passé une capacité durable à dégager des profits.

2. Deuxième règle d'or : acheter quand les autres vendent, en profitant des baisses de cours. Rien ne sert de détecter une belle valeur, si c'est pour l'acheter au prix fort, lorsque tout le monde en veut.

3. Troisième règle d'or : investir à long terme. Une fois les bonnes valeurs en portefeuille, achetées le moins cher possible, les conserver tant que leurs fondamentaux respectent la règle n° 1.

Source : Michel Albouy, *Décisions financières et création de valeur*, 3e éd., Economica, 2017, p. 60.

Comme on peut le voir à la lecture de recommandations de Warren Buffett, il faut privilégier les entreprises leader dans leur secteur et qui ont démontré une capacité durable à dégager des profits. On note avec la 2e recommandation qu'il ne faut pas hésiter à profiter des mouvements du marché pour investir à long terme (3e recommandation). Les performances financières à long terme du fonds Berkshire Hathaway sont impressionnantes et valident l'idée que l'investissement à long terme dans des entreprises bien choisies surperforment les marchés. Depuis 2023, sur les 3 dernières la performance du fonds géré par Warren Buffett a été de 35,43 %, sur les 5 dernières années 55,04 % et sur les 10 dernières années de 165,33 %. La performance est d'autant plus remarquable que sur les 10 dernières années des évènements aussi improbables que gravissimes sont intervenus comme la guerre en Ukraine, la pandémie mondiale de la COVID-19, la reprise de l'inflation, la hausse des taux d'intérêt et l'augmentation de l'endettement des États pour ne citer que les plus importants.

Le graphique 3.1 montre l'évolution à long terme de la valeur du portefeuille de Berkshire Hathaway de 2007 à 2023. Malgré tous les chocs économiques et politiques, il est intéressant de remarquer la forte croissance à long terme de la valeur du portefeuille géré par Warren Buffett et ses équipes.

Graphique 3.1. – *Évolution à long terme de la valeur du portefeuille de Berkshire Hathaway*

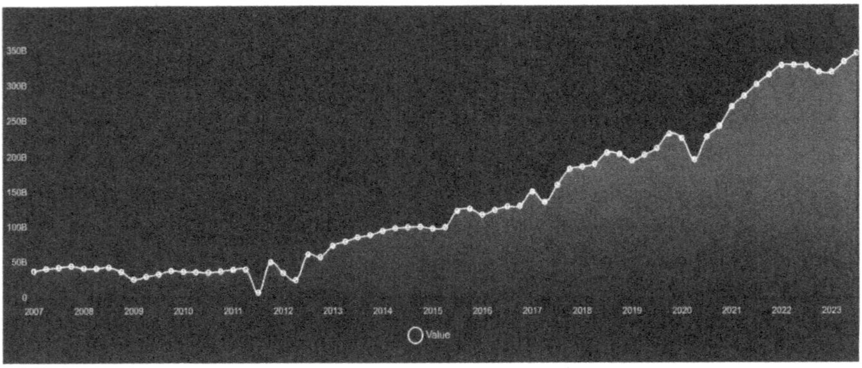

Source : https://stockcircle.com/portfolio/warren-buffett/performance

La gestion passive s'oppose à la gestion active de portefeuille. Il s'agit d'une gestion reposant sur un investissement stable à long terme sans réallocation discrétionnaire du portefeuille. La gestion active repose elle sur un rebalancement régulier du portefeuille *via* des décisions discrétionnaires et/ou basées sur des modèles quantitatif (gestion du risque).

Selon, de nombreuses études, il semble que peu de gestionnaires de portefeuilles utilisant la gestion active arrivent à battre le marché systématiquement. C'est ainsi qu'à l'occasion des 15 ans de SPIVA (S&P Indices Versus Active) une étude a été publiée montrant que s'il y a quelques gérants qui arrivent à faire mieux que le marché certaines années, ils n'arrivent généralement pas à répéter systématiquement leurs performances[13]. Ce constat conforte l'hypothèse d'efficience des marchés étudiée dans le chapitre précédent.

Grâce à l'investissement passif, Warren Buffett estime que l'on a de grandes chances de faire mieux que la très grande majorité des fonds professionnels d'investissement. Sur le graphique ci-dessous, on peut voir le pourcentage des fonds professionnels qui ne réussissent pas à faire mieux que le S&P 500. Sur 5 ans, c'est 77 % des professionnels qui n'y arrivent pas, 87 % sur 10 ans et 93 % sur 20 ans (*source* : SPIVA). Le graphique 3.2 témoigne de ces résultats.

13. 15 Years of SPIVA®, the De Facto Scorekeeper of the Active vs. Passive Debate, https://www.spglobal.com/spdji/en/education/article/15-years-of-spiva-the-de-facto-scorekeeper-of-the-active-vs-passive-debate

Graphique 3.2. *– Pourcentage des fonds d'actions américains qui sous-performent le marché*

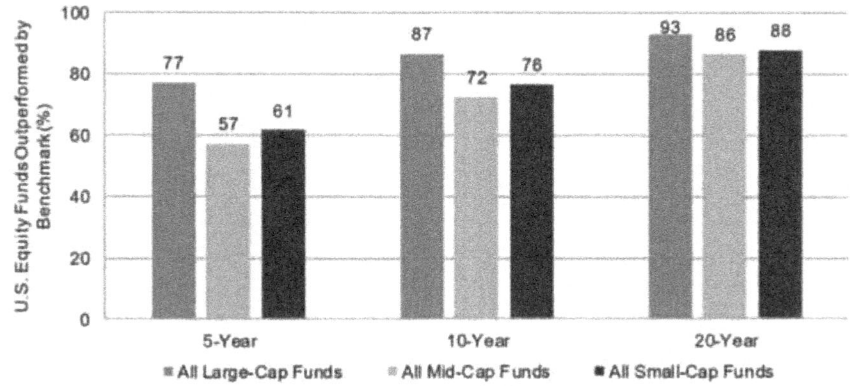

Source: S&P Dow Jones Indices LLC. Data as of Dec. 31, 2020. Past performance is no guarantee of future results. Chart is provided for illustrative purposes.

1.2. Le poids de plus en plus important des investisseurs institutionnels

Comme le rappellent Dominique Plihon[14] et Sandra Rigot (2018), qui cherchent à expliquer pourquoi on manque d'investisseurs à long terme, depuis plus de trois décennies les investisseurs institutionnels représentent, après les banques, les plus gros collecteurs d'épargne dans le monde. Mais pour eux la financiarisation a brouillé les frontières entre ces institutions, car bien souvent les banques peuvent être considérées comme des investisseurs institutionnels *via* leurs filiales d'assurance. C'est ainsi que la diversification de leurs activités leur aurait permis d'acquérir de véritables positions dominantes sur l'ensemble des marchés financiers (Morin, 2015). Selon Plihon et Rigot, « *les encours des fonds de pension, des compagnies d'assurance et des fonds mutuels sont estimés respectivement à la fin de 2016 à environ 38 000 Md$, 28 000 Md$ et 85 000 Md$. La domination des pays développés occidentaux et anglo-saxons en particulier est incontestable* ». Ils notent également que « *les plus grands fonds souverains sont issus des pays émergents d'Asie du Sud-Est (40 % des actifs des fonds souverains), comme la Chine et Singapour, ou du Moyen-Orient (35 %), comme les Émirats arabes unis et l'Arabie Saoudite. La Norvège fait exception, puisqu'il s'agit du seul pays de l'OCDE (Organisation de coopération et de développement économiques) à détenir un fonds*

14. Dominique Plihon est un économiste français rattaché au courant théorique de l'école de la régulation. Il a été porte-parole d'Attac France après avoir été président de son conseil scientifique. Il est membre des Économistes atterrés.

souverain important. Le total de leurs encours est estimé à 6 500 Md$ en 2017. De leur côté, les hedge funds (3 200 Md$) et les fonds de private equity (2 400 Md$) sont majoritairement américains, et très largement britanniques et français en Europe. Par leur détention d'actions, ces fonds d'investissement sont devenus les principaux actionnaires des sociétés cotées ».

C'est ainsi qu'au Royaume-Uni la proportion d'actions directement détenues par les personnes physiques est passée de 54 % à 11 % de 1960 à 2010 au profit des investisseurs institutionnels (Çelik et Isaksson, 2013). La progression est la même aux États-Unis où ces fonds représentaient respectivement près de 70 % et 60 % de la capitalisation boursière en 2005 et 2016, contre 6 % en 1950. On observe le même phénomène en France avec la montée en puissance de la gestion collective (SICAV, assurance-vie) accompagnée par la baisse des actionnaires individuels malgré les efforts de certaines entreprises pour développer l'actionnariat direct (par exemple Air Liquide). Pour Jacquillat (2018), comme les gérants professionnels possèdent la majeure partie de la capitalisation boursière, leur performance ne peut être que celle de l'ensemble du marché. Après frais, la gestion institutionnelle active ne peut donc que sous-performer. C'est le concept d'efficience des marchés financiers qui s'est progressivement imposé, ce qui a eu pour conséquence la montée en puissance de la gestion passive. Cette gestion passive ne se traduit pas *a priori* par du court-termisme.

Bien qu'ayant pour mission de gérer à long terme l'épargne ainsi collectée, Plihon et Rigot (2018) estiment que la gouvernance des fonds pousse leurs dirigeants à une gestion à court terme. Ainsi, les multiples délégations à des gérants professionnels contraindraient les fonds de pension et autres institutionnels à mettre en place des contrôles fréquents afin d'évaluer la performance des gérants délégataires. Même si ces contrôles sont légitimes, ils auraient pour conséquence de favoriser des logiques court-termistes. « *Le contrôle sur ces gérants externes est souvent focalisé sur la performance de court terme laissant les décisions de placement dans les mains de professionnels qui n'ont pas toujours vocation à prendre en compte les intérêts des détenteurs ultimes des titres. D'où un désalignement des intérêts entre gérants externes et épargnants, qui est caractéristique des défaillances de marché. Par ailleurs, lorsque l'externalisation porte sur un produit de niche peu transparent (hedge funds) pour lequel l'investisseur dispose de faibles compétences, l'inefficience de l'allocation d'actifs peut être liée à une mauvaise sélection et/ou monitoring de gérants. Ces comportements court-termistes se traduisent par un raccourcissement considérable de l'horizon de placement des investisseurs* » (Plihon et Rigot, 2018, p. 120).

Cette analyse qui n'est pas supportée par une enquête scientifique est rejointe par Sabine Montagne (2009) qui estime que « *la gouvernance des investisseurs ne leur permet pas de développer des investissements de long terme. En déléguant la gestion de leur investissement à des firmes de gestion d'actifs et en externalisant l'évaluation vers des intermédiaires (consultants et agences de notation), ils ont contribué à la création de marchés de prestataires dominés par une logique de rendement à court terme* ».

L'idée que l'institutionnalisation croissante de la gestion de l'épargne à long terme associée à une gouvernance qui amènerait les gérants à pratiquer une gestion à court terme est une hypothèse intéressante et qui fait sens. Cependant, cette vision fait fi du comportement des épargnants ultimes qui, même s'ils ne sont pas insensibles aux performances annuelles des fonds, sont capables de voir l'évolution à long terme de leur épargne. Il est vraisemblable que la publication annuelle, voire trimestrielle, des performances des fonds relève davantage du monitoring des investisseurs que d'une demande de gestion à court terme. À noter que la réglementation oblige les fonds (SICAV, contrats d'assurance-vie, etc.) à informer leurs clients sur les risques et la durée de détention recommandée de leurs participations. Et puis, l'exemple du fonds Berkshire Hathaway géré par Warren Buffett est là pour leur rappeler que la performance d'un fonds d'investissement se juge à long terme, même si celle-ci fait l'objet d'une surveillance constante des investisseurs. Enfin, même si les fonds d'investissement avaient une propension à gérer à court terme leurs portefeuilles – ce qui reste à démontrer –, ils ne feraient pas pression directement sur le management des entreprises contrairement aux *hedge funds*, et on peut douter que le rebalancement des portefeuilles qu'ils gèrent a un impact sur la gestion des entreprises dans lesquelles ils ont investi.

2. Le comportement des acteurs en faveur du court terme

Bien que non démontré, et surtout invalidé par le fait que les actionnaires valorisent les perspectives de croissance à long terme des entreprises, même de celles qui ne sont pas bénéficiaires comme les start-up, le court-termisme des investisseurs impliquerait deux comportements nocifs à long terme pour les entreprises. C'est ainsi que sous la pression des actionnaires court-termistes elle seraient obligées de réduire leurs dépenses de recherche et développement (R&D) et de leur verser des dividendes exorbitants qui limiteraient leur croissance à long terme. Par ailleurs, et dans cette veine, il conviendrait de mieux protéger les dirigeants et leurs conseils d'administration des pressions du court terme.

2.1. La réduction des dépenses de R&D en question

Chacun le sait, une entreprise qui n'investit pas et notamment de nos jours dans la recherche-développement est condamnée à terme. Seuls les actionnaires ignoreraient cette évidence ? Il semble bien que oui à la lecture de certains auteurs. C'est ainsi que les actionnaires ne permettraient pas à la plupart des grandes entreprises de faire suffisamment de recherche et développement (R&D) et feraient pression pour réduire les dépenses de R&D au minimum ; étant entendu qu'ils ne peuvent attendre les bénéfices futurs de la R&D.

Selon cette théorie, les entreprises cotées qui font beaucoup de R&D seraient alors sanctionnées par le marché financier et la valeur de leurs actions chuterait. Cette chute pourrait même entraîner une offre publique d'achat (OPA) et un éventuel remplacement du management en place. Les dirigeants seraient donc amenés à limiter leurs dépenses de R&D pour faire plaisir au marché et adopter ainsi un comportement court-termiste.

Un tel comportement n'est pas à écarter. C'est ainsi que Cremers, Pareek et Sautner (2017) montrent qu'un afflux d'investisseurs institutionnels de court terme induit une baisse de la R&D en vue de gonfler les résultats et de générer des surprises positives, ce qui permet de booster la valeur des titres à court terme. On peut néanmoins douter de cette logique simpliste sur la gestion à moyen et long terme des entreprises. En effet, le marché sait reconnaître les résultats issus d'une meilleure gestion de ceux qui ne sont réalisés qu'à travers des économies faciles sur des dépenses de R&D. Les analystes financiers sont là pour justement analyser l'origine de l'éventuelle augmentation des bénéfices des sociétés. Si cette amélioration provient de la réduction de dépenses porteuses d'avenir comme la R&D, le marché ne va pas s'y tromper et même si le bénéfice par action (BPA) augmente la réaction du marché risque d'être négative. En d'autres termes, les investisseurs sont en mesure de reconnaître la qualité des bénéfices annoncés. Mieux, une baisse annoncée du budget de R&D, pourtant prometteuse de profits plus importants à court terme, risque d'être sanctionnée par la bourse. Preuve que le marché ne voit pas qu'à court terme.

Par ailleurs, d'autres recherches comme Aghion, Van Reenen et Zingales (2013) montrent à travers une étude économétrique que la présence d'investisseurs institutionnels (supposés gérer à court terme) est toutefois bénéfique tant pour la quantité que pour la qualité des investissements en R&D des entreprises. Pour étudier l'impact des investisseurs institutionnels sur la gouvernance de l'innovation, les auteurs ont confectionné un panel de 800 grandes entreprises américaines sur les années 1990 contenant des données sur les brevets déposés, les dépenses de R&D et la gouvernance des firmes. Ils montrent ainsi qu'il existe une association positive et robuste entre l'innovation et la propriété institutionnelle des firmes. En d'autres termes, la montée au capital des investisseurs institutionnels n'auraient pas entraîné un plus grand court-termisme et leurs efforts d'innovation n'auraient pas été sanctionnés. Ce résultat est consistant avec deux modèles largement utilisés dans ces recherches. Le premier postule que les dirigeants, supposés paresseux, ont une préférence pour une vie calme sans problèmes et que ce sont les investisseurs institutionnels qui les pousseraient à innover. Le second modèle fondé sur les préoccupations de carrière des dirigeants suppose que ces derniers n'aiment pas le risque lié aux innovations, car en cas d'échec ils seront les premiers sanctionnés. Si les contrats incitatifs sont insuffisants pour dépasser ce problème, un système de monitoring encouragé par les investisseurs institutionnels peut permettre d'encourager l'innovation au sein de l'entreprise.

Si l'hypothèse du rôle néfaste des investisseurs institutionnels sur les dépenses de R&D et l'innovation des grandes entreprises cotées était validée on devrait observer avec leur montée croissante au capital des sociétés une baisse des dépenses de R&D. Or, ce n'est pas ce que l'on constate. En effet, sur longue période, on n'observe pas de baisse des dépenses de R&D des entreprises. C'est ainsi qu'entre 2010 et 2020, la croissance annuelle moyenne en volume de la DIRD (Dépenses intérieure de R&D[15]) française est de 1,0 %, soit une progression supérieure à celle du PIB (+ 0,4 %). Et ces dépenses de R&D sont essentiellement réalisées par les grandes entreprises.

Ceci étant, quand on se penche sur le comportement individuel de certaines grandes entreprises, on constate qu'elles font parfois moins

15. La dépense intérieure de recherche et développement (DIRD) correspond aux travaux de R&D exécutés sur le territoire national. En 2020, la dépense intérieure des entreprises était de 35,1 milliards d'euros. https://publication.enseignementsuprecherche.gouv.fr/eesr/FR/T923/l_effort_de_recherche_et_developpement_en_france/# : ~ : text=Les % 20entreprises % 20en % 20r % C3 % A9alisent % 2066, (% 2B % 201 % 2C7 % 20 % 25).

de R&D qu'avant, ce qui pourrait être interprété comme une conséquence du court-termisme. Mais comme le rappellent à juste titre Mark Rœ et Michael Trœge[16], « *les jeunes pousses et les petites entreprises de la Silicon Valley et d'ailleurs se substituent aux laboratoires de R&D des grandes entreprises classiques, de telle manière que, globalement, le niveau de dépenses en R&D augmente. Si certains actionnaires encouragent cette évolution, ce n'est pas à cause de leur court-termisme, mais parce qu'ils pensent que les petites entreprises sont plus aptes à créer de vraies innovations que les grandes* ».

2.2. L'obligation de verser des dividendes exorbitants qui limitent le développement des entreprises

L'autre preuve apportée par les tenants du court-termisme des investisseurs serait que les actionnaires forceraient les entreprises à leur verser des sommes d'argent excessives, soit à travers des dividendes élevés[17], soit en rachetant leurs propres actions – un moyen de distribution de la trésorerie qui est particulièrement critiqué aux États-Unis. L'argument consiste ici à dire que les entreprises ainsi privées de leur trésorerie n'auraient plus assez d'argent pour engager les dépenses d'investissements nécessaires pour leur développement.

Dans le chapitre 5 sur les dividendes, nous développons plus en détail la question des dividendes et des rachats d'action et nous montrons en quoi ces opérations de gestion financière n'augmentent pas la richesse des actionnaires contrairement à la vulgate relayée par une certaine presse et des ONG comme Oxfam.

D'autre part, on constate que, contrairement à ce qui est affirmé, les niveaux de trésorerie des entreprises cotées ne baissent pas, mais que, au contraire, aux États-Unis et en France, les grandes entreprises ont plus de réserves de trésorerie que jamais. Alors pourquoi cet écart entre ces idées reçues et les faits ? Une explication tient au fait que beaucoup d'observateurs restent focalisés sur les montants des dividendes distribués sans les mettre en relation avec les niveaux de trésorerie des entreprises et pensent qu'elles manquent de capitaux pour investir, bref qu'elles seraient soumises à un rationnement du capital. Dès lors, tout versement de dividendes et de rachats d'actions conduirait à réduire le montant des investissements ; ce qui revient à supposer que les entreprises seraient soumises à un rationnement du capital. Or, l'existence

16. « Le mauvais procès du « court-termisme » des actionnaires », dans *Le Monde*, 13 juillet 2018.
17. Par exemple, l'ONG Oxfam a accusé les grandes entreprises françaises de verser trop de dividendes à leurs actionnaires : L'inflation des dividendes, https://www.oxfamfrance.org/wp-content/uploads/2023/06/Rapport-Oxfam-SBF-_dividendes_DEF.pdf

de trésoreries nettes positives montre que les entreprises ne sont pas en rationnement de capital. Dans une étude sur les entreprises européennes, Dupuy et *al.* (2020) montrent sur un échantillon de 2 878 firmes cotées de la zone euro que le ratio de la trésorerie rapportée au montant des actifs a progressé de 10,2 % en 1986 à 16,2 % en 2015, ce qui traduit une augmentation significative de la trésorerie ces entreprises. Des résultats analogues ont été observés aux États-Unis par Bates et *al.* (2009) et Graham et Leary (2018) qui notent que le ratio de la trésorerie rapportée aux actifs des entreprises cotées a plus que doublé depuis 1980 et la période récente.

En France, Albouy et Chevalier (2016) montrent qu'en moyenne la trésorerie des entreprises du CAC 40 représentait en 2014 plus de 19 % de leur capitalisation. Quand on sait que les dividendes versés représentent en moyenne 3 % de la capitalisation de ces entreprises, on s'aperçoit bien que les dividendes ne peuvent être tenus responsables d'une éventuelle insuffisance d'investissement des entreprises.

L'existence de trésoreries très positives dément donc l'idée que les entreprises devraient réduire leurs budgets d'investissement pour verser des dividendes. En fait, si les entreprises n'investissent pas suffisamment (aux yeux de certains observateurs), c'est tout simplement parce qu'elles manquent de projets suffisamment rentables. Par projets rentables nous entendons des investissements créateurs de valeur en tenant compte du coût du capital. Certes, il est important que les entreprises préparent leur futur en investissant, mais pas au prix d'une destruction délibérée de valeur. L'acte d'investir n'est pas bon en soi : augmenter des capacités de production quand celles qui sont en place sont loin d'être saturées n'est pas un bon plan : pourquoi ajouter des capacités de production dans ces conditions ? Tout industriel le sait. Pour investir, encore faut-il qu'il y ait un marché et une demande solvable. Et ce n'est pas l'investissement qui crée cette demande. Il ne sert donc à rien de fustiger les dividendes pour dénoncer le manque d'investissement des entreprises et un comportement à court terme.

2.3. L'impact des stock-options

Les stock-options accordées aux dirigeants des entreprises cotées seraient également un facteur de la gestion à court terme des entreprises. Ce mécanisme d'incitation a pour vocation d'aligner les intérêts des dirigeants avec ceux des actionnaires en les faisant bénéficier de la valorisation des actions. Toute la question est bien sûr à quel horizon doit-on aligner les intérêts des dirigeants avec ceux des actionnaires ?

Il est malheureusement probable que certains dirigeants de grandes entreprises aient profité du mécanisme des stock-options pour s'enrichir indûment à court terme en manipulant le cours des actions. Dans un article intitulé « *Profits Without Prosperity* », Bebchuk et Fried (2005) affirment que la seule explication logique des rachats d'actions sur le marché (qui représentent environ 90 % de tous les rachats d'actions) est que les dirigeants d'entreprise bénéficient personnellement de ce mode de gestion d'entreprise.

Ces dernières années, la rémunération totale moyenne des cadres les mieux payés était environ trois fois en termes réels son niveau du début des années 1990, lorsqu'elle était déjà considérée comme excessive. L'essentiel de la rémunération des hauts dirigeants a été réalisé sur des actions sous la forme de gains provenant de l'exercice d'options d'achat d'actions et de gains provenant de l'acquisition d'attributions d'actions. De 2006 à 2013, la rémunération annuelle totale des 500 dirigeants les mieux payés de la base de données ExecuComp était en moyenne de 24,4 millions de dollars (en dollars de 2013), allant d'un minimum de 14,4 millions de dollars en 2009 à un maximum de 32,2 millions de dollars en 2013. Sur ces montants totaux, les gains provenant de l'exercice d'options d'achat d'actions et de l'acquisition d'attributions d'actions variaient de 66 % en 2009 à 84 % en 2013, la combinaison des salaires et des primes ne représentant qu'un maximum de 12 % en 2009 et un minimum de 5 % en 2013.

2.4. L'influence néfaste des actionnaires et des investisseurs institutionnels sur les dirigeants et leurs conseils d'administration

Avec la montée de plus en plus importante des actionnaires institutionnels au capital des entreprises cotées, l'idée du court-termisme imposé aux dirigeants des entreprises s'est développée bien qu'elle ne soit pas démontrée. C'est ainsi qu'au cours des années 1980, d'éminents universitaires américains d'écoles de commerce et des leaders d'opinion ont fait valoir que la vision à court terme des dirigeants était le principal facteur de perte de compétitivité des entreprises américaines (Bebchuck[18], 2013). Michael Porter[19] (1992), par exemple, affirmait que la pression venant d'actionnaires à court terme avait découragé les entreprises américaines de réaliser des investissements à long terme

18. Lucian Bebchuk est professeur à Harvard Law School spécialisé en économie et finance. Il est connu pour ses analyses juridiques en gouvernance des entreprises.

19. Michael Porter est un chercheur et professeur américain de stratégie d'entreprise à l'université Harvard, ainsi qu'un consultant d'entreprise. Il est connu pour son analyse de la façon dont une entreprise peut obtenir un avantage concurrentiel (ou avantage compétitif).

nécessaires pour être compétitives avec les entreprises allemandes et japonaise. Quand on voit le dynamisme actuel de l'économie américaine et les difficultés de l'Allemagne et du Japon dans les années 2020, on mesure aujourd'hui la faiblesse de la démonstration. On pourrait naturellement citer bien d'autres auteurs ayant fait la même prospective qui s'est avérée fausse. En effet, malgré la pression supposée des investisseurs, les États-Unis ont réussi à s'imposer dans l'industrie des nouvelles technologies et à créer un nombre considérable d'entreprise High-Tech en comparaison de l'Europe et du Japon.

Bien que non démontrée, cette vision court-termiste imposée par les actionnaires a été invoquée pour justifier des mesures qui permettraient de protéger davantage les conseils d'administration et les dirigeants des entreprises cotées de la pression des investisseurs. C'est ainsi qu'afin d'isoler davantage les conseils d'administration des entreprises cotées un juge américain, Jack Jacobs (cité par Bebchuck, 2013), avait même recommandé que le Code du Delaware soit modifié pour permettre aux entreprises d'élire leurs administrateurs pour une période de cinq ans afin de les délivrer de la pression du court terme exercée par les actionnaires et pouvoir prendre des décisions à long terme. Ainsi, selon ces nombreux commentateurs et juristes, la pression des actionnaires, notamment des investisseurs institutionnels, conduirait les entreprises à prendre des mesures myopes et qui seraient finalement coûteuses à long terme. Il faudrait donc protéger les conseils d'administration de cette pression actionnariale en fixant des limites plus strictes des droits et de la participation des actionnaires. Ce faisant les conseils d'administration seraient protégés du court-termisme des actionnaires. Cependant, les preuves empiriques ne soutiennent pas que l'isolation des conseils d'administration[20] contribue à créer de la valeur à long terme. Cela peut se comprendre en se référant à la théorie de l'agence. En effet, ce n'est pas en augmentant les marges de manœuvre discrétionnaires des dirigeants que ces derniers prendront naturellement des décisions conformes aux intérêts à long terme de l'entreprise. On retrouve également ici les arguments tendant à protéger les entreprises des offres publiques d'achat hostiles (OPA) et la vision exclusivement court-termiste des actionnaires activistes.

20. Voir Lucian A. Bebchuk (2013), « The myth that insulating boards serves long-term value ».

Conclusion

Bien qu'invoqué par les plus hauts responsables politiques et les économistes hétérodoxes à chaque crise financière, le court-termisme des marchés reste à démontrer scientifiquement. De ce point de vue il s'agit bien d'un mythe. Cela ne signifie pas pour autant que tous les actionnaires se positionnent à long terme. Le monde des actionnaires est composé de très nombreux acteurs ayant des objectifs et des horizons d'investissement différents. De ce point de vue, la durée de détention des titres dans les portefeuilles n'est pas un élément probant car cette mesure fait fi de la diversité des investisseurs sur les marchés. En effet, si certains participants s'engagent dans une activité frénétique d'achats-ventes à très court terme, notamment *via* du *program trading*, d'autres investissent en actions à long terme. Si on ne peut taxer les marchés de court-termisme, il est également vrai qu'on ne peut à contrario prétendre qu'ils agissent uniquement à long terme. La réalité est donc plus nuancée car on trouve toutes sortes d'acteurs sur les marchés.

Même si les marchés financiers exercent une pression sur le management des entreprises cotées, rien ne prouve que cette pression se fasse uniquement sur des éléments de court terme. C'est ainsi que l'activisme actionnarial des *hedge funds* revient souvent à remettre en cause la stratégie à long terme des entreprises visées dont les performances économiques et financières sont insuffisantes comme nous le verrons dans le chapitre six. En conclusion, il semble bien que le court-termisme des marchés financiers relève davantage du mythe que de la réalité. Mais c'est un mythe bien utile pour tous ceux qui veulent discréditer la finance et les actionnaires avec leurs exigences excessives de rentabilité avec des ROE (*Return on equity*) de 15 % comme nous le verrons dans le chapitre suivant.

Chapitre 4

Les actionnaires et leurs exigences démesurées

En France les actionnaires n'ont pas bonne presse et font souvent l'objet de critiques de la part des dirigeants politiques et des journalistes. Il est vrai que la cible est facile et permet de rallier pas mal de suffrages. Pourtant, les mêmes observateurs sont les premiers à regretter le manque de fonds propres des entreprises françaises et la part trop importante des actionnaires étrangers dans leur capital. Comment expliquer une telle dichotomie ? Les entreprises auraient-elles besoin de fonds propres, mais pas d'actionnaires ? En France, tout se passe comme si les actionnaires devaient cotiser à fonds perdu dans leurs entreprises. En témoignent les réactions politiques lors des annonces des résultats par les entreprises, notamment celles du CAC 40, et les versements de dividendes.

Les actionnaires sont à la base du système capitaliste. C'est grâce à eux et aux marchés d'actions permettant la liquidité des titres que les entreprises se sont développées depuis la révolution industrielle du XIXe siècle que ce soit aux États-Unis et en Europe. Néanmoins, l'acceptation sociale de la détention privée du capital des entreprises, surtout des grandes, ne va pas de soi. L'idée que les actionnaires ne servent à rien ou pire qu'ils soient des prédateurs est fortement ancrée dans l'imaginaire des Français qui sont souvent prompts à soutenir les nationalisations. Le projet socialiste pour la France des années 80 qui a inspiré le programme commun de la gauche en 1981 a conduit du reste à une nationalisation complète des banques et pratiquement de la moitié des grandes entreprises industrielles au motif que « *les nationalisations doivent créer les meilleures conditions pour que puisse s'épanouir l'esprit d'entreprise et d'initiative appliquée à la production*[1] ». On n'épiloguera pas sur la possible contradiction entre le développement de l'esprit entrepreneurial et le fait que l'État prenne le contrôle de l'économie. Ce n'est qu'après les privatisations réalisées par des gouvernements de droite et de gauche que le capitalisme français a repris des couleurs. Le mouvement de privatisation moderne a commencé en 1986 sous le gouvernement de cohabitation dirigé par Jacques Chirac et s'est poursuivi sous la plupart des gouvernements ultérieurs. Fin 2013, l'État contrôlait majoritairement, directement ou indirectement, 1 444 sociétés qui employaient 801 270 salariés. Trente ans auparavant, 3 500 sociétés étaient sous contrôle de l'État et leurs effectifs salariés atteignaient les 2 350 000 personnes[2]. C'est dire la réduction du périmètre du secteur public. Ce va et vient entre secteur public et secteur privé bien spécifique à la France témoigne de la fragilité du consensus en faveur de la propriété privée des moyens de production.

Patrick Artus, chef économiste de la banque Natexis, a publié avec Marie-Paule Virard un ouvrage intitulé *La dernière chance du capitalisme,* dans lequel il affirme que le capitalisme actionnarial n'est pas efficace. Dans ce livre les auteurs affirment que l'économie française vit dans un environnement capitaliste non libéral car il serait basé sur la rente et sur une rentabilité trop élevée du capital : « *Quelle logique y a-t-il, dans le monde de taux bas dans lequel nous vivons, à donner 15 % de rendement aux actionnaires ? Ce sont le travail et l'investissement de long terme qui sont pénalisés par ces choix. Ce capitalisme crée des monopoles, des délocalisations et, dans certains pays, sacrifie le partage des revenus au détriment des salariés* ». Une autre figure du patronat français, Claude Bébéar, fondateur et président d'Axa, dénonçait lui aussi dans son livre l'exigence excessive des actionnaires : « *Les patrons ont ainsi promis à l'actionnaire des "retours sur investissement" délirants : il est communément admis qu'une entreprise doit dégager, pour séduire les marchés, un rendement de 15 % en termes de ROE ou return on equity* ».

Pour Frédéric Lordon (2009), il faut véritablement s'attaquer aux exigences démesurées de la finance en limitant de manière réglementaire et autoritaire sa volonté absolue de puissance avec le SLAM : *Shareholder Limited Authorized Margin*. Ainsi, les actionnaires devraient se contenter d'un niveau de rendement maximal des fonds investis correspondant aux taux d'intérêt augmenté d'un petit quelque

1. *Projet socialiste pour la France des années 80*, Club socialiste du livre, 1981, p. 196.
2. *La Tribune*, 2 avril 2015.

chose pour la prime de risque. Au-delà de ce seuil, l'ensemble des revenus seraient perçus par l'État sous forme de recette fiscale. Ainsi bloquée dans ses prétentions, la finance actionnariale serait profondément transformée entraînant en cascade une série de transformations sur la relation salariale, les investissements et les relations au sein des chaînes productives. Nul doute en effet qu'une telle mesure fiscale serait de nature à changer le système économique. En fait, comme on ne voit pas très bien les autres pays prendre une telle direction, on peut plutôt prédire l'effondrement du capitalisme français.

La dénonciation d'une rentabilité insoutenable qui serait exigée par les actionnaires n'est pas nouvelle. On la retrouve chez de nombreux hommes politiques et dans de nombreux articles de presse (*Le Monde*, *Alternatives économiques*, etc.). Mais est-elle réelle ou est-ce un mythe ? Comme nous l'avons vu, il n'est pas nécessaire d'aller chercher des économistes hétérodoxes ou des marxistes convaincus pour dénoncer la norme de rentabilité de 15 % qui serait exigée par les actionnaires sur les fonds propres des entreprises. Mais cette norme existe-t-elle vraiment ? Ou est-ce un mythe comme Bonnet et Albouy (2020) l'ont montré ?

Rares sont les observateurs à avoir osé mettre en cause cette fameuse norme présentée comme une vérité incontestable. Notons cependant que plusieurs spécialistes reconnus ont manifesté leur scepticisme sur cette norme. Ainsi Michel Fleuriet[3] range également dans les fantasmes français le taux de rendement des fonds propres de 15 % qu'exigeraient les financiers, au risque d'éreinter une société : « *Une exigence pareille de rentabilité des fonds propres d'une entreprise n'est enseignée ni à HEC ni à Wharton. Elle n'est connue ni des financiers ni des Américains* ». Xavier Fontanet, ancien PDG d'Essilor International (dans Albouy, 2009), déclare de son côté : « *[...] cette affaire de 15 % me laisse un peu rêveur ; je suis mandataire depuis 20 ans ; j'ai bien dû faire une soixantaine de* road shows *et pas loin d'un millier de* one to one *(*rendez-vous avec des investisseurs*) [...] ; j'ai rarement entendu le chiffre de 15 % [...]. J'ai entendu plutôt qu'ils sont attendus par leur direction sur 7 % que sur 15 %* ».

Un des problèmes avec le taux de rentabilité de 15 % est qu'il est souvent mal spécifié, notamment dans les articles de presse. Il y a en effet plusieurs façons de mesurer la rentabilité pour les actionnaires.

3. Entretien avec Michel Fleuriet, ancien président de Merryl Lynch France, *Le Figaro*, 14/04/2007.

1. Les mesures de la rentabilité pour les actionnaires

Dans cette section nous revenons tout d'abord sur la définition du ROE (*Return on Equity*, ou rentabilité des fonds propres), sa fabrication et ses limites comme indicateur de l'enrichissement des actionnaires. Afin de bien montrer la différence qu'il y a entre le ROE et la rentabilité espérée et/ou réalisée par les actionnaires, nous revenons sur les mesures de rentabilité pour les actionnaires que sont le TSR (*Total Shareholder Return*) et la rentabilité attendue par le marché sur les actifs risqués (MEDAF).

1.1. Le ROE : définition, fabrication et limites

Le ROE est un ratio calculé à partir de chiffres comptables issus du bilan et du compte de résultat. Il mesure la rentabilité des fonds propres et il est égal au ratio du résultat net sur le montant des fonds propres de l'entreprise. Un ROE de 15 % n'est pas un ratio insoutenable pour une entreprise et ne signifie pas qu'elle doive croître à cette vitesse, comme celle de l'économie, ni qu'elle doive procurer à ces actionnaires cette rentabilité éternellement et ceci quel que soit son niveau de risque. Deux approches permettent d'expliquer la formation du ROE. Celle de la décomposition à la DuPont de Nemours et celle issue de l'équation de l'effet de levier de la dette (Albouy, 2017).

a) L'approche par la décomposition à la DuPont de Nemours

Cette entreprise américaine fondée en 1802 a laissé son nom à un système de pilotage de la rentabilité des entreprises qui est aujourd'hui mondialement connu. Il repose sur la décomposition du ratio de rentabilité des fonds propres (ROE = BN/FP) en fonction du taux de marge nette (BN/CA), du taux de rotation des actifs économiques (CA/AE) et du levier financier (DF/FP).

En effet :

$$ROE = \frac{BN}{FP} = \frac{BN}{CA}\frac{CA}{AE}\frac{AE}{FP}$$

Avec :

- BN = Bénéfice net
- CA = Chiffre d'affaires
- AE = Actifs économiques = FP + DF
- FP = Fonds propres
- DF = Dettes financières

En posant :

- m = BN/CA ; taux de marge nette
- c = CA/AE ; coefficient de rotation des actifs économiques
- λ = DF / FP ; levier financier

On obtient l'équation suivante :

$$ROE = mc(1+\lambda)$$

Ainsi le ROE est égal au produit du taux de marge nette (m), du coefficient de rotation des actifs économiques (c) et de la politique de financement de l'entreprise (1 + λ). Le mérite de cette équation est de montrer que le ROE ne dépend pas du taux de croissance de l'entreprise, ni de celui de l'économie en général. On peut très bien réaliser un ROE de 15 % sans croissance. Il suffit pour cela de conserver son taux de marge nette, maintenir son coefficient de rotation des actifs économiques ainsi que sa politique de financement. Par exemple, on peut fabriquer un ROE de 15 % avec un taux de marge nette (Bénéfice net/Chiffre d'affaires) de 3 %, un coefficient de rotation de l'actif économique (chiffre d'affaires/actif économique) de 2,5 et un levier financier (dettes financières/fonds propres) de 1.

En effet : $ROE = 3\% \times 2,5 \times (1+1) = 15\%$.

De tels chiffres n'ont rien d'insoutenable, même à long terme. D'autres combinaisons sont possibles pour atteindre 15 %. Nombreuses sont les entreprises cotées dans le monde qui arrivent à atteindre, et même à dépasser, ces résultats comptables. Nous verrons cependant qu'en moyenne et sur longue période elles sont loin d'atteindre un tel niveau ; et pourtant elles continuent à avoir la confiance de leurs actionnaires, preuve que les actionnaires n'exigent pas en permanence du 15 %.

b) L'approche par l'équation de l'effet de levier de la dette

Si, l'équation de la décomposition du ROE à la DuPont de Nemours est instructive sur les facteurs explicatifs de la rentabilité des fonds propres, elle ne permet cependant pas de répondre à des questions comme : que deviendrait le ROE si la politique de financement de l'entreprise était modifiée, ou encore si les taux d'intérêts venaient à augmenter, etc. ? En effet, les variables qui forment cette équation ne sont pas indépendantes. L'approche par l'effet de levier de la dette qui mobilise des variables indépendantes nous permet d'analyser la formation du ROE sous un autre angle. Pour cela il nous faut introduire une mesure du résultat qui soit indépendante de la politique de financement de l'entreprise et de la fiscalité des sociétés. Il s'agit du bénéfice avant intérêts et impôts (BAII) ou encore EBIT (*Earning Before Interest and Taxes*). Le BAII rapporté au montant des actifs économiques (AE) est généralement appelé rentabilité économique (R_e) ou encore RONA (*Return on Net Assets*).

Avec ces variables il est aisé de démontrer[4] que le ROE est égal à :

$$ROE = \left[R_e + \left(R_e - i\right)\lambda\right]\left(1 - \tau\right)$$

Avec :

- R_e =BAII/AE
- i = Frais financiers/Dette financière
- λ = DF/FP
- τ = taux d'imposition des bénéfices

Illustration : avec une rentabilité économique de 11 %, un coût de la dette de 2 %, un levier financier de 1 et un taux d'imposition des bénéfices de 25 %, on obtient un ROE de 15 % :

$$ROE = \left[11\% + \left(11\% - 2\%\right).1\right]\left(1 - 25\%\right) = 15\%$$

Bien entendu on peut imaginer d'autres combinaisons ; cet exemple montre simplement que le fameux taux de 15 % n'est pas un chiffre inatteignable car une rentabilité économique de 11 % n'a rien d'exceptionnel, même si elle correspond à une bonne performance économique (avant coût de la dette et imposition des bénéfices). Par ailleurs, on peut noter que la faiblesse des taux d'intérêt est un facteur d'amplification de l'effet de levier (R_e – i). Dans notre exemple, si le coût de la dette passe de 2 % à 1 %, le ROE est alors égal à 15,8 %. À noter, encore une fois que le ROE ne dépend pas du taux de croissance de l'activité de l'entreprise. L'idée qu'un ROE ne serait pas tenable du fait d'une croissance plus faible de l'économie n'est donc pas correcte et ce d'autant plus que les grandes entreprises ne croissent pas au rythme de l'économie française du fait de leur internationalisation.

c) Les limites du ROE

Comme nous l'avons dit, le ROE est un ratio calculé à partir de chiffres comptables sur une période, généralement annuelle. Or ces

4. Voir M. Albouy, *Décisions financières et création de valeur*, *op. cit.*

chiffres comptables, le résultat net comme le montant des fonds propres sont sujets à manipulation. Albouy et Perier (2003) montrent comment les entreprises peuvent manipuler leurs comptes de façon à afficher des résultats comptables qu'ils estiment souhaitables. Ces manipulations sont parfois légales, semi-légales, voire frauduleuses. Par ailleurs, il faut noter que la publication des comptes consolidés permet aux grands groupes de jouer sur leur périmètre de consolidation pour afficher le ROE attendu. L'exemple des comptes de Coca-Cola (encadré 4.1) est là pour montrer toute la créativité comptable dont sont capable ces grands groupes.

Encadré 4.1

L'analyse des comptes de Coca-Cola

Selon l'examen des comptes consolidés de Coca-Cola, la rentabilité après impôt de l'actif économique est excellente (18 % en 2000) et l'endettement modéré (0,84 fois l'EBE). Certes, mais des actifs (mise en bouteille du Coca-Cola) cinq fois plus importants en montants comptables (41 Md$) que ceux qui restent dans le bilan consolidé (8 Md$) ont été opportunément logés avec les 25 Md$ de dettes qui les financent dans des filiales à 40 %. Elles ne sont bien sûr consolidées que par mise en équivalence : ni la dette, ni les actifs n'apparaissent au bilan de Coca-Cola. La rentabilité économique de ces actifs hors du bilan Coca-Cola est de 2 %, leur EBE n'est que de 5,2 Md$ (face à 25 Md$ de dettes…). On imagine mal que Coca-Cola laisse ses filiales faire faillite : elles portent son nom et constituent une partie de son activité. Si on les réintégrait dans le bilan consolidé, on se rendrait compte que la véritable rentabilité économique après impôt n'est pas de 18 %, mais de 6,2 % et que l'endettement est de 3,3 fois l'EBE (et non de 0,84). Est-ce cela que veut l'investisseur qui demande du 15 % ?

Source : *La Lettre Vernimmen.net*, n° 8, mars 2002.

Au-delà des éventuelles manipulations comptables, la principale limite du ROE est le fait qu'il ne représente pas une rentabilité pour l'actionnaire. Certes, de bonnes performances en termes de ROE et de ROA témoignent de la bonne gestion de l'entreprise, mais *in fine* ce qui importe à l'actionnaire c'est la valorisation de son portefeuille d'actions.

1.2. La rentabilité vue par les actionnaires

La rentabilité d'un investissement en actions est basée sur les flux de liquidité de l'actionnaire (achat, dividendes éventuels, cession) plutôt que sur des données comptables telles que le ROE. La rentabilité vue par les actionnaires peut s'analyser sur le passé et sur le futur. Sur le passé il s'agit du *Total shareholder return* (TSR) et sur le futur du taux de rentabilité espéré. Ce sont des concepts différents.

a) Le *Total shareholder return* (TSR)

Le TSR permet de mesurer la rentabilité actuarielle d'un investissement fait dans les actions d'une société sur une période à moyen ou long terme. Le TSR est égal au taux de rentabilité interne de l'investissement réalisé par l'actionnaire sur une période donnée.

$$P_0 = \sum_{t=1}^{n} \frac{D_t}{(1+R)_t} + \frac{P_n}{(1+R)^n}$$

Avec :

- D_t le dividende versé à la date t
- P_0 et P_n la valeur de l'action à la date d'achat (t = 0) et de revente (t = n)
- R le TSR

Une façon commode de calculer le TSR est de faire la somme du taux du rendement en dividende (D/P) et du taux de plus-value de l'action sur la période considérée. Ainsi un taux de plus-value annuel de 7 % (sur 10 ans cela revient à un doublement de la valeur de l'action) et un taux de rendement en dividende de 3 % font un TSR de 10 %. On peut naturellement obtenir des performances plus élevées, mais cela n'est pas évident à long terme. Contrairement au ROE, le TSR n'est pas aisément manipulable. Sa mesure est objective à partir de données (dividendes et cours) peu contestables. Cependant, des manipulations comptables peuvent conduire à transmettre des informations erronées au marché et par conséquent influencer de façon temporaire les cours de bourse, comme dans les scandales financiers Enron ou Wordcom.

Il est aussi parfaitement possible pour une entreprise d'avoir un ROE très faible, car elle ne fait pas ou très peu de bénéfices, et d'offrir en même temps un TSR élevé. L'exemple d'Amazon (encadré 4.2) est à cet effet éloquent.

Encadré 4.2

ROE et TSR d'Amazon

Amazon est bien connue pour afficher de faibles résultats comptables. Son chiffre d'affaires pour l'exercice 2016 est proche de 136 milliards de dollars mais son résultat net pour la même année s'élève à 2,3 milliards, ce qui correspond à un taux de marge nette de 1,7 %. Sur les quatre dernières années la moyenne de son taux de marge nette est seulement de 0,6 %. En 2013, son ROE n'était que de 2,8 % et en moyenne sur la période 2013-2016 il n'est que de 4,3 % ; un chiffre bien éloigné de la norme de 15 %. Et pourtant, les actionnaires de cette entreprise n'ont pas eu à se plaindre bien que la firme ne verse aucun dividende. Sur les trois dernières années le cours de l'action est passé de 311 dollars (10/10/2014) à 1 003 dollars (13/10/2017), soit un taux de plus-value annuel de 47,7 %. La firme ne versant pas de dividende, le TSR est donc égal au taux de plus-value annuel du titre.

Ainsi, une entreprise dont le ROE moyen n'est que de 4,3 % peut procurer à ses actionnaires une rentabilité globale (TSR) de 47,7 %.

en millions de USD	**2013**	**2014**	**2015**	**2016**
Chiffre d'affaires	74 452	88 988	107 006	135 987
Total fonds propres	9 746	10 741	13 384	19 285
Résultat net	274	-241	596	2 371
Taux de marge nette (%)	0,4 %	-0,3 %	0,6 %	1,7 %
ROE (%)	2,8 %	-2,2 %	4,5 %	12,3 %

Source : rapports annuels d'Amazon et Nasdaq.

Cependant, la principale faiblesse du TSR se trouve dans le choix de la période d'observation. Comme chacun sait, les cours des actions fluctuent assez fortement et il est ainsi possible en choisissant bien les dates d'afficher des TSR élevés. Il suffit par exemple de prendre comme date d'achat une année où les marchés sont déprimés et comme date de revente une année faste pour obtenir un TSR très élevé. Néanmoins, avec cette mesure de rentabilité on est bien dans la logique d'investissement à moyen ou long terme par l'actionnaire. Une autre faiblesse consiste à dire que le TSR ne mesure que la performance passée et que rien ne dit qu'elle se reproduira dans le futur. D'où la nécessité d'avoir une estimation de ce que les investisseurs peuvent espérer dans le futur.

b) Le taux de rentabilité espéré par les actionnaires

De nombreux modèles ont été développés dans la théorie financière pour estimer le taux de rentabilité que peut espérer – au sens de l'espérance mathématique – un investisseur en fonction des conditions des marchés. Parmi tous ces modèles, et malgré ses limites, le modèle d'équilibre des actifs financiers (MEDAF ou CAPM en anglais) permet d'approcher le taux de rentabilité qu'un actionnaire peut espérer. L'équation du MEDAF est la suivante :

$$E(R_i) = R_f + \left[E(R_m) - R_f\right]\beta_i$$

Avec :

- $E(R_i)$: taux de rentabilité espéré sur le titre i
- $E(R_m)$: taux de rentabilité espéré sur le marché
- R_f : taux de rentabilité sans risque
- β_i : coefficient de risque systématique du titre i
- $E(R_m) - R_f$: prime de risque du marché

Ainsi le taux de rentabilité exigé par le marché sur une action est égal – selon le MEDAF – à la somme du taux d'intérêt sans risque et d'une prime de risque ajustée pour le risque systématique (bêta). Avec un taux d'intérêt sans risque de 2 % et une prime de risque de 6 %, et en supposant un bêta de 1 (moyenne du marché), on obtient un taux de rentabilité espéré de 8 %, et non de 15 %. C'est ce taux de 8 % qui représente le coût des fonds propres et qui devrait être utilisé pour calculer le coût moyen pondéré du capital de l'entreprise. Si les dirigeants d'une telle entreprise exigeaient du 15 % de rentabilité sur ses fonds propres, elle irait au-delà des exigences du marché et risquerait de renoncer à des investissements qui seraient pourtant rentables et créateurs de valeur pour les actionnaires. Ce faisant ces dirigeants en sous-investissant ne maximiseraient pas la valeur de l'entreprise.

Le MEDAF a aussi le mérite de montrer que la rentabilité exigée par les investisseurs n'est pas unique. Elle dépend du risque systématique de l'entreprise. Par exemple, une entreprise ayant un béta de 0,5 aura, avec les données précédentes (taux sans risque de 2 % et prime de risque du marché de 6 %), un coût des fonds propres de 5 %, alors que pour une entreprise ayant un béta de 1,5, le taux de rentabilité espéré sera égal à 11 %. On est ici loin de la norme uniforme de 15 % pour toutes les entreprises.

2. Les rentabilités observées et les rentabilités attendues par les actionnaires

Cette section présente des résultats empiriques sur les ROE des entreprises cotées sur longue période[5]. Enfin, nous terminons sur ce que nous savons à travers des enquêtes auprès des investisseurs sur leurs rentabilités attendues.

2.1. Les performances des entreprises cotées en termes de ROE sur longue période

Afin de voir quelles ont été les performances des entreprises cotées nous avons constitué une base de données à partir de la base Thomson Reuters/ Datastream sur la période 1980-2016, soit 36 années sur les sociétés appartenant au S&P 500 (États-Unis) et au SBF 120 (France)[6]. Nous avons exclu de l'échantillon les entreprises ayant des fonds propres négatifs et les sociétés financières, ce qui explique la réduction du nombre de firmes dans l'échantillon. En moyenne, le nombre de firmes sur la période s'élève à 364 et le nombre total d'observation s'élève à 13 104.

Le tableau 4.1 indique les principaux résultats empiriques de cette étude sur longue période. En moyenne et pour l'ensemble de l'échantillon, on observe que le ROE moyen sur la période est de 13,33 % et que la médiane est de 14,86 %. Ces chiffres ne sont pas très éloignés de la norme revendiquée de 15 %. Ce tableau révèle également une différence entre les firmes du S&P 500 et du SBF 120. Alors que la moyenne de ROE pour le S&P 500 est de 13,93 % (médiane 15,52 %), elle n'est que de 10,85 % (médiane 12,09 %) pour le SBF 120. La rentabilité des fonds propres des entreprises cotées en France est nettement inférieure à celles de leurs consœurs américaines. Ce résultat n'est pas pour nous surprendre car les études de la Banque de France mettent régulièrement en évidence l'insuffisance de rentabilité de nos entreprises industrielles. Alors que 52,4 % des firmes du S&P 500 affichent un ROE supérieur à 15 %, elles ne sont que 36,7 % pour celles du SBF 120.

5. Cette section reprend en grande partie des résultats des travaux de Bonnet et Albouy (2020) publiés dans la revue *Finance Contrôle Stratégie*.
6. Cette période d'observation couvre la période pendant laquelle la critique de la norme d'un ROE de 15 % s'est développée dans la presse française.

Tableau 4.1. *– ROE des entreprises du S&P 500 et du SBF 120*

Période 1980-2016	Moyenne	Médiane	%>ROE 15%	N firmes
S&P 500	13,93	15,52	52,39 %	297
SBF 120	10,85	12,09	36,75 %	67
S&P 500 et SBF 120	13,33	14,86	49,53 %	364

Source : Bonnet et Albouy (2020), Thomson Reuters et Datastream.

Comme nous pouvions l'anticiper, vu la fabrication du ROE (qui est le produit d'un taux de marge nette, du ratio de rotation des actifs et du levier financier), l'évolution à long terme de ce ratio moyen ne montre pas de tendance à la baisse ou à la hausse et ce malgré les changements économiques (variation des taux d'intérêt et des taux de croissance notamment). Certes les chocs économiques subis par les entreprises se retrouvent dans les variations annuelles du ROE moyen ou médian, mais comme le montre le graphique 4.1, aucune tendance ne se dégage dans le temps. On observe notamment les chutes des ROE médians après l'explosion de la bulle des valeurs technologiques en 2001 et l'impact de la crise des crédits *subprimes* sur les entreprises industrielles en 2008-2009. Le graphique 4.1 permet de visualiser le parallélisme des évolutions des ROE du S&P 500 et du SBF 120. À noter que les entreprises du S&P 500 surperforment celles du SBF 120

Graphique 4.1. *– ROE médian des entreprises du S&P 500 et du SBF 120*

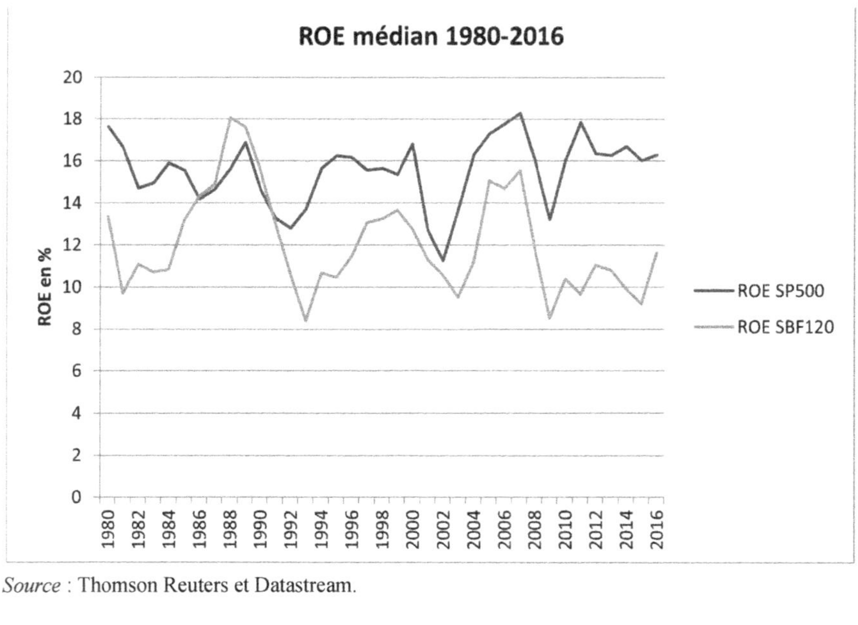

Source : Thomson Reuters et Datastream.

sur toute la période d'observation (1980-2016), sauf en 1988-1989. Ce résultat montre que les grandes entreprises américaines ont été plus profitables que leurs homologues françaises sur cette période.

2.2. Coût des capitaux propres et ROE des entreprises françaises

Une étude de la Banque de France par Mazet-Sonilhac et Mésonier[7] (2016) sur la période 2006-2016 nous éclaire sur l'évolution du coût des fonds propres (*cost of equity*) des grandes entreprises de la zone euro. Dans cette étude, le coût des capitaux propres est estimé à partir du MEDAF et la prime de risque du marché à partir du modèle d'actualisation des dividendes (*dividend discount model*) des entreprises des quatre grands pays de la zone euro : l'Allemagne, la France, l'Italie et l'Espagne. Selon cette étude, le coût des capitaux propres évolue sur la période étudiée entre 8 % et 16 %. Le pic de 16 % correspond à la crise des crédits *subprime* en 2008 qui a considérablement gonflé la prime de risque. Ceci étant, depuis 2012, et jusqu'à 2016, il apparaît que le coût de capitaux propres baisse et qu'il est compris dans une fourchette de 8 % à 10 % selon les pays étudiés.

Pour la France, les auteurs observent que le coût des fonds propres (*Cost of Equity*) des sociétés non financières a fortement crû lors des crises de 2007-2009 et de 2011-2012, tiré par une hausse de la prime de risque sur actions. Il dépassait souvent depuis 2007 la rentabilité des fonds propres (ROE). Depuis 2016, le coût des capitaux propres est inférieur au ROE pour les grandes entreprises non financières cotées françaises. Le graphique 4.2 montre, selon l'étude de la Banque de France, l'évolution de ces deux variables sur la période 2006-2016.

Cette étude confirme le fait que le ROE et le coût des capitaux propres sont deux concepts différents et que leur évolution n'est pas forcément parallèle. Enfin, selon cette étude, qui confirme nos propres analyses, le ROE moyen des entreprises françaises évolue entre 8 % et 12 % (hors période de crise). Des chiffres éloignés du fameux 15 %.

---

7. Clément Mazet-Sonilhac et Jean-Stéphane Mésonier, « The cost of equity for large non-financial companies in the euro area: An estimation over the decade », Quarterly selection of articles, Banque de France, Winter 2016-2017.

Graphique 4.2. – *Évolution du coût des capitaux propres et du ROE des grandes entreprises françaises (en %)*

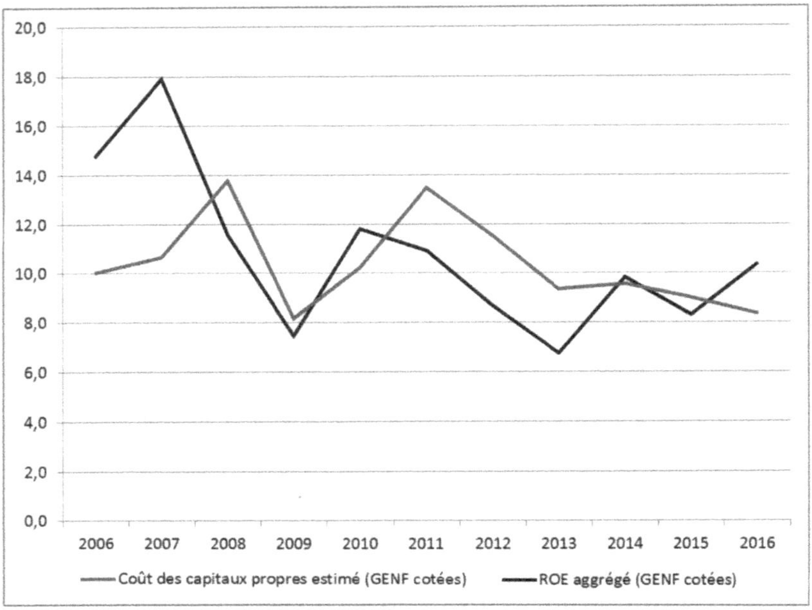

Source : Banque de France, 2017.

2.3. Les attentes des actionnaires

Les études académiques sur les attentes des actionnaires en termes de rentabilité de leurs investissements sont rares. Ceci peut s'expliquer par la difficulté pour des chercheurs d'avoir accès à des fichiers d'investisseurs pour les interroger. Pour avoir une idée de ce que les actionnaires attendent, il faut se tourner soit vers les enquêtes auprès d'investisseurs dont les résultats sont publics (il s'agit pour l'essentiel de données nord-américaines), soit vers les études réalisées par des gérants de fonds.

Greenwood et Schleifer (2014) ont compilé les résultats des principales enquêtes périodiques menées aux États-Unis sur les attentes de rentabilité des investisseurs en actions. Ces enquêtes sont, pour la plupart, mensuelles. Elles couvrent des périodes de temps différentes, et les chercheurs ont arrêté leurs observations fin 2011. Bien que ces enquêtes emploient des méthodologies diverses et s'adressent à des populations différentes, leurs résultats sont fortement corrélés entre eux. Comme on peut le constater (tableau 4.2), les rentabilités moyennes ou médianes attendues sont comprises entre 5,9 et 10,6 % selon les enquêtes. Les maximas observés atteignent ou dépassent légèrement

15 % dans certains cas, et les minimas sont compris entre 2,2 et 7,6 %. Ces résultats montrent qu'il peut arriver, dans certaines périodes, que les attentes des investisseurs soient proches de 15 %, mais ils contredisent l'existence d'une norme générale de 15 % de rentabilité telle qu'elle est souvent présentée dans les médias français et par de nombreux observateurs.

Tableau 4.2. *– Attentes de rentabilité des investisseurs en actions aux États-Unis*

Enquête	Période	N	Moyenne	Médiane	Écart-type	Min.	Max.
Gallup	1996-2001	135	10,49	10,73	2,27	3,94	14,27
Graham-Harvey	2000-2011	42	5,95	5,98	1,62	2,18	9,21
American Association of Individual Investors	1987-2011	294	10,23	10,29	1,28	6,19	13,66
Investors' Intelligence	1963-2011	588	10,18	10,38	2,09	3,68	15,85
Robert Shiller (Yale University)	1996-2011	132	10,56	10,52	1,94	6,46	15,11
University of Michigan	1996-2011	22	9,35	8,83	1,37	7,58	12,51
Expectations index	1986-2011	294	10,19	10,51	2,10	4,19	14,94

Note : Les attentes de rentabilité sont exprimées en pourcentage annuel nominal. Les enquêtes sont menées auprès d'investisseurs individuels (Gallup, American Association of Individual Investors, Robert Shiller, University of Michigan), de directeurs financiers d'entreprises (Graham-Harvey) ou compilent les prévisions de média financiers (Investors' Intelligence). « Expectations Index » est le facteur principal issu d'une analyse en composantes principales des résultats des enquêtes Gallup, American Association of Individual Investors et Investors' Intelligence. Certaines enquêtes ont fait l'objet de retraitements pour être comparables. Voir Greenwood et Shleifer (2014) pour plus d'informations concernant les enquêtes prises en compte et les procédures de retraitement.

Source : d'après Greenwood et Schleifer, 2014.

Natixis Global Asset Management publie les résultats de ses études mondiales sur les attentes de rentabilité des investisseurs particuliers. L'étude publiée en 2017 a été réalisée auprès de 8 300 investisseurs (dont 400 français) répartis à travers 21 pays d'Asie, d'Europe, des Amériques et du Moyen-Orient. L'enquête a été réalisée entre février et mars 2017. Parmi les principales conclusions qui nous intéressent relevons que la moyenne des attentes des investisseurs en termes de rentabilité est 9,7 %, alors que leurs conseillers financiers anticipent en moyenne du 5,4 % (tableau 4.3). Cet écart montre que les professionnels sont plus « raisonnables » que les particuliers. Le tableau 4.3 révèle également que les attentes des investisseurs des différents pays sont assez proches (écart-type de 1,1 %).

L'enquête de Natixis Global Asset Management met également en lumière la confusion des investisseurs particuliers sur des notions essentielles, telles que les caractéristiques de la gestion indicielle, révélant donc un besoin pour plus de clarté et de transparence. En effet, alors que 72 % des particuliers français déclarent privilégier la sécurité plutôt que la performance, ils attendent tout de même un retour sur investissement important (9,1 %). Dans un contexte où la majorité des experts prévoyaient des rendements faibles pour les fonds indiciels, les investisseurs pourraient bien devoir repenser leurs stratégies pour essayer de surperformer les indices en sélectionnant des valeurs prometteuses plutôt qu'un portefeuille de marché.

Au-delà de ces observations, il est important, pour notre étude, de noter que la norme de 15 % de rentabilité exigée par les actionnaires n'est pas validée par l'étude de Natixis Global Asset Management auprès de son panel d'investisseurs.

Tableau 4.3. *– Les attentes des investisseurs et des conseillers financiers*

	Proposition des financiers	**Attentes des investisseurs**
États-Unis	5,9 %	8,9 %
Canada	4,8 %	9,8 %
Colombie	5,3 %	12,0 %
Chili	6,3 %	11,1 %
Royaume-Uni	3,8 %	9,3 %
Espagne	5,6 %	10,2 %
France	6,4 %	9,1 %
Suisse	5,9 %	8,7 %
Allemagne	5,3 %	10,5 %
Italie	3,4 %	8,2 %
Émirats arabes unis	6,5 %	8,4 %
Singapour	5,7 %	9,4 %
Hongkong	5,5 %	10,3 %
Moyenne	**5,4 %**	**9,7 %**
Écart-type	0,9 %	1,1 %

Source : Natixis Global Asset Management, Investor Insights Series, 2017.

2.4. Que retenir de cette section ?

Plusieurs points importants sont à retenir à ce stade. Tout d'abord, le fait que l'exigence de rentabilité des actionnaires recouvre plusieurs notions qui sont, du reste, généralement relativement peu définies – ce qui facilite le flou des interprétations – dans les déclarations des observateurs de la vie économique des entreprises. Il peut s'agir du fameux ROE (*Return on equity*), un chiffre calculé à partir de données comptables (donc manipulables) ; du TSR (*Total shareholder return*), un chiffre calculé à partir des dividendes versés et de la plus-value réalisée ; et du taux de rentabilité espéré par le marché comme le définit la théorie financière. Dans chaque cas, la réalité mesurée est différente. Certes, *in fine*, cela revient toujours à s'intéresser à la performance du point de vue de l'actionnaire, mais il n'en demeure pas moins que ces mesures sont bien différentes et n'expriment pas les mêmes concepts.

Le deuxième point à retenir, c'est que les ROE moyens, bien qu'affectés par les crises économiques, ne semblent pas accuser une tendance à la baisse malgré des conditions économiques aussi différentes sur la période 1980-2016. Le ROE médian moyen de l'échantillon composé d'entreprises du S&P 500 et du SBF 120 est de 14,86 %. En d'autres termes, et malgré des conditions économiques fort différentes sur cette période, les entreprises arrivent à maintenir leur profitabilité dans le temps, notamment *via* leur taux de marge nette.

Le troisième point à retenir est le fait que les investisseurs n'attendent pas du 15 % si l'on en croit les enquêtes américaines sur longue période et l'enquête internationale publiée par Natixis en 2017. Encore plus intéressant, les professionnels de la finance attendaient, selon Natixis, des performances moindres que les particuliers (en moyenne 5,4 % à comparer à 9,7 %). Ce constat est d'autant plus important à relever qu'il va à l'encontre du mythe de l'exigence d'une rentabilité excessive des actionnaires sur les entreprises et plus particulièrement du fameux chiffre de 15 %.

3. Pourquoi la norme de 15 % s'est-elle installée ?

Selon Bonnet et Albouy (2020), trois caractéristiques du contexte français paraissent avoir favorisé l'émergence et le succès du mythe des 15 % : le contexte économique des années 1990, la légitimation du mythe par les médias et la faible culture économique et financière des Français.

3.1. Le contexte économique des années 1990 : libéralisation et ouverture des marchés financiers

Les années 1990 ont connu une libéralisation des marchés financiers et une prise en compte accrue des intérêts des actionnaires par les entreprises, avec l'accent mis sur la création de valeur actionnariale et sur les mécanismes de gouvernance d'entreprise. Pour de nombreux observateurs, c'est l'époque du passage à une nouvelle phase du capitalisme : le capitalisme « actionnarial » (Cohen, 2009) ou « financier » (Batsch, 2002). En France, la déréglementation du marché financier menée par le gouvernement de Pierre Bérégovoy a conduit à l'éclatement progressif des « noyaux durs » (participations croisées entre grandes entreprises françaises) issus des privatisations menées sous le gouvernement Chirac. Ceci s'est traduit par une progression des parts détenues dans les sociétés cotées par les actionnaires institutionnels étrangers (fonds de pension notamment) du fait de la faiblesse du capitalisme français.

Cette évolution, qui a changé les règles du jeu du capitalisme français après une phase de nationalisations, a provoqué des débats et des réactions dans le monde économique et intellectuel français. À noter qu'on ne retrouve pas, ou très peu, ce type de débats dans la presse anglo-saxonne.

3.2. La remise en cause du modèle français de gouvernance et légitimation du mythe par certains dirigeants de grandes entreprises

Les conséquences de l'irruption d'actionnaires étrangers influents dans une nation où la tradition du contrôle de l'économie par l'État est ancienne et où les marges discrétionnaires des dirigeants sont importantes, font débat dans le monde patronal. Les réactions de certains dirigeants (Arthus, Bébéard, Betbèze) vis-à-vis des attentes des actionnaires institutionnels en termes de création de valeur actionnariale sont négatives et fortement remises en cause. Les principaux arguments invoqués sont les attentes irréalistes des actionnaires en termes de rentabilité, l'incitation au court-termisme et à des prises de risque excessives par les entreprises, les difficultés d'adaptation des entreprises. Mais ce point de vue n'est pas unanime, et certains rares observateurs se demandent si ces réactions ne sont pas liées à une perte de pouvoir et de latitude managériale du fait de la montée en puissance des actionnaires institutionnels et étrangers. En effet, depuis les années 2000, on assiste au déclin d'un mode de gouvernance à la française dans lequel, suite aux nationalisations de 1981, puis aux noyaux durs, et à la forte consanguinité dans les conseils d'administration, les dirigeants des grandes entreprises avaient peu de compte à rendre à leurs actionnaires.

3.3. La légitimation du mythe par des universitaires et observateurs critiques du capitalisme

Le rapport du Commissariat Général au Plan intitulé *Rentabilité et risque dans le nouveau régime de croissance* (dirigé par Plihon, 2002) nous semble avoir eu également un rôle important dans la légitimation du mythe des 15 % car il s'agit d'un rapport officiel, dirigé par un professeur d'économie, et issu d'un groupe de travail réunissant des universitaires, hauts fonctionnaires et praticiens. Il a été fréquemment cité comme référence quant à l'existence de cette norme. Il s'agit d'un travail rigoureux, très bien documenté et référencé. Il retrace notamment les évolutions de la rentabilité des entreprises en France et aux États-Unis, en utilisant à la fois la comptabilité nationale et la comptabilité des entreprises et tente d'en expliquer les causes. On peut cependant déplorer que l'existence d'une norme de 15 % de ROE y soit mentionnée comme un fait acquis sans que, sur ce point précis, aucune référence ne soit indiquée. Ainsi dans l'introduction du rapport de Dominique Plihon on peut relever :

« *[...]. Cette discordance se manifeste notamment dans l'incompatibilité apparente entre la norme de rentabilité financière à 15 % que les investisseurs fixent aux entreprises, et le niveau de rentabilité économique que celles-ci sont susceptibles d'atteindre dans une économie dont le sentier de croissance est proche de 2 à 3 % par an en termes réels* » (p. 11).

Au cours des années 2000, le mythe des 15 % s'établit donc comme une évidence et devient un outil de la critique du capitalisme financier. Il est fréquemment cité dans les nombreux essais et articles de presse qui en dénoncent les dérives. Il devient un symbole de l'avidité des actionnaires, qui serait excessive et cause de nombreux méfaits sur le plan social notamment. Son utilisation tend aussi à accréditer l'idée que les actionnaires obtiennent *effectivement* une rentabilité de 15 % de leurs investissements alors que ceci est démenti par toutes les observations sur longue période.

À noter cependant que si la norme de 15 % est beaucoup moins présente dans les publications de la presse économique depuis les années 2020, les exigences démesurées des actionnaires sont toujours dénoncées. Sur quelles bases scientifiques ? Mystère.

Chapitre 5

Dividendes et rachats d'actions : mythes et réalité

Il existe peu de sujet de finance qui fasse autant de débats et de polémiques que les versements de dividendes et les rachats d'actions par les grandes entreprises cotées. Il faut dire qu'avec ces politiques de distribution de cash aux actionnaires on se trouve au cœur de la critique adressée au capitalisme et à son fonctionnement. Ce n'est donc pas par hasard si les opposants au néo-capitalisme s'engouffrent dans cette thématique qui est bien commode pour dénoncer le « capitalisme financier » qui imposerait aux entreprises de verser toujours plus de cash à leurs actionnaires. Ajoutons à cela la faible connaissance économique et financière des Français et on comprend pourquoi la presse s'empare des rapports, comme ceux de l'ONG Oxfam, qui dénoncent chaque année ces versements. L'objectif de ce chapitre est de ramener dans ce débat un peu de sérénité à partir des connaissances accumulées par la recherche en finance[1]. Il n'est pas davantage question de faire ici une revue de la littérature exhaustive sur les dividendes et les rachats d'actions, même si nous nous appuyons sur la recherche académique.

Dans une première section nous faisons un état des lieux actuel des politiques de distribution aux actionnaires des grandes entreprises. Nous continuons ensuite avec les critiques adressées aux entreprises qui verseraient trop de dividendes et/ou rachèteraient leurs actions. Enfin, dans une dernière section nous expliquons pourquoi les entreprises versent des dividendes et rachètent leurs actions. Nous aurons

1. C'est seulement en 1992 qu'un ouvrage scientifique consacré uniquement à la politique de dividende des entreprises fut publié en France dans la collection Finance des PUF : M. Albouy et P. Dumontier (1992). En général, la politique de dividende n'était traitée que dans quelques pages sur la politique financière des entreprises comme dans le manuel de référence de Pierre Conso (1981).

ainsi l'occasion de montrer que ces opérations ont toutes leur place dans une gestion financière active des entreprises.

1. Les politiques de distribution aux actionnaires

Le graphique 5.1 montre l'évolution des dividendes et des rachats d'actions des entreprises du CAC 40 sur la période 2003-2021. En 2003, le total des dividendes versés en numéraire s'élevait à 14,1 milliards d'euros et les rachats d'actions à 7,6 milliards d'euros ; soit un total de 21,7 milliards d'euros. Avec la crise financière mondiale de 2008, on observe une baisse significative de ces versements. À partir de 2010, la hausse reprend pour atteindre en 2022 un montant de dividendes versés de 56,5 milliards d'euros et 23,7 milliards d'euros de rachats d'actions ; soit un total de 80,2 milliards d'euros. Évidemment, ces montants constituent, pour certains observateurs, une dérive de la finance. Pour d'autres, ces pratiques témoignent simplement de la bonne santé des grandes entreprises françaises qui préfèrent rendre leurs excédents de cash à leurs actionnaires, quitte à eux de les employer dans d'autres entreprises comme les start-up *via* le *private equity*.

***Graphique 5.1.** – Dividendes et rachats d'actions des entreprises du CAC 40 (2003-2022)*

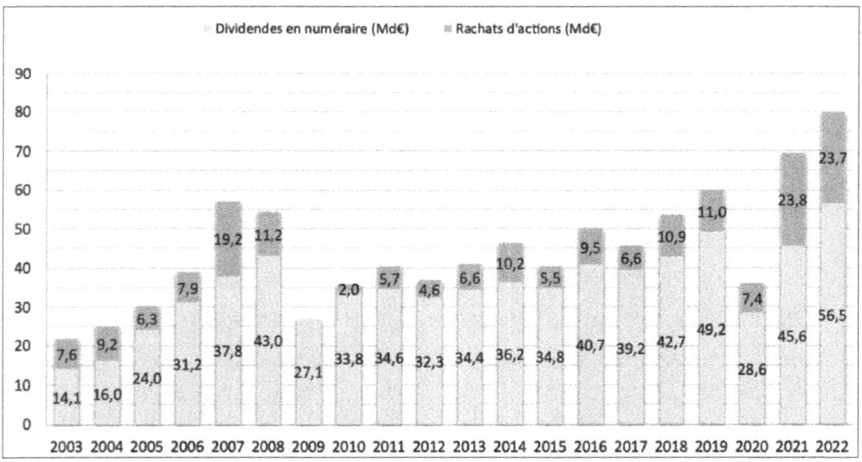

Source : *La Lettre Vernimmen*, n° 204, janvier 2023.

Pour Levasseur et Schlosser (2015), la distribution de dividendes et les rachats d'actions sont deux moyens privilégiés de maintenir l'engagement à long terme des actionnaires au sein des sociétés cotées. Depuis les travaux de Modigliani et Miller, la finance moderne a eu tendance à minorer l'importance du dividende puisque ce dernier n'a pas d'impact sur la valeur, tout au moins dans un marché efficient. L'argument étant que les actionnaires peuvent toujours vendre une partie de leurs actions s'ils veulent plus de cash et qu'il n'y a pas de différence à faire entre 1 $ de dividende et 1 $ de plus-value (à la fiscalité près). Pourtant, pour les investisseurs à long terme, les dividendes sont un signal précieux et il semblerait qu'à long terme les portefeuilles d'actions versant des dividendes sont à la fois plus rentables et moins risqués. Cela s'explique en partie par le fait que ce sont les entreprises matures – donc moins risquées et ayant des trésoreries positives – qui versent de généreux dividendes, contrairement aux jeunes entreprises en croissance qui ont besoin de leur trésorerie pour investir.

On peut distinguer trois formes possibles de politiques de dividende : (a) distribuer une fraction constante des bénéfices, (b) faire évoluer les dividendes de façon régulière dans le temps, (c) verser aux actionnaires ce qu'il reste après le financement des investissements. Comme les bénéfices fluctuent dans le temps, distribuer un pourcentage constant reviendrait à faire fluctuer le dividende par action. Verser aux actionnaires le surplus monétaire après investissement reviendrait également au même et n'aurait pas beaucoup de sens dans la mesure où les entreprises peuvent faire appel au marché pour financer leurs investissements. En fait, pour les entreprises cotées il est recommandé d'adopter une politique de dividende déconnectée de l'évolution des bénéfices et des besoins d'investissement, de façon à verser aux actionnaires des dividendes réguliers et en croissance. Les rachats d'actions répondent à une logique différente que nous étudierons plus loin.

Dans la pratique, et c'est ce que montre la recherche en finance, les entreprises adoptent en général une politique de régularité (ou de stabilité) du coupon. C'est la politique qui semble préférée par les actionnaires. Les entreprises n'augmentent ainsi leurs dividendes que lorsqu'elles sont sûres de ne pas avoir à les baisser ultérieurement. En effet, toute baisse du dividende est très mal perçue par le marché du fait du contenu informationnel des dividendes. Du fait de cette régularité des coupons et de la plus grande variabilité des bénéfices, le ratio de distribution des bénéfices (*payout ratio*) qui rapporte le dividende par action (DPA) au bénéfice par action (BPA) varie dans le temps. C'est la raison pour laquelle le *payout ratio* n'est pas un bon indicateur de la politique de dividende des entreprises. Mieux vaut lui préférer le taux de rendement (*dividend yield*) qui rapporte le DPA au cours de l'action. Ce ratio fluctue généralement entre 3 % et 4 %. Par exemple, en 2021, le montant des dividendes et des rachats d'actions a représenté 3,2 % de la capitalisation des entreprises du CAC 40 et 3,9 % en 2022.

Le cas de l'entreprise Air Liquide est exemplaire d'une politique de dividende régulière et fondée sur une croissance durable alimentée par une politique d'investissement maîtrisée et répondant à sa stratégie de développement à long terme. Son historique témoigne de cette politique à long terme : Air Liquide a vu le jour en 1902 grâce à des actionnaires individuels. La société a versé ses premiers dividendes en 1907 et n'a jamais cessé de le faire depuis. Le Groupe est coté à la Bourse de Paris depuis 1913. Depuis plus de 10 ans, le taux de distribution annuel est stable, de l'ordre de 50 % du bénéfice net. Sur les 30 dernières années, les dividendes ont augmenté régulièrement ou ont été, au minimum, maintenus au même niveau d'une année sur l'autre. Air Liquide se distingue par une proportion élevée d'actionnaires individuels. Fin 2020, plus de 470 000 actionnaires détenaient environ 33 % du capital de la société.

Le graphique 5.2 montre l'évolution régulière sur 30 ans du bénéfice par action (BPA) et des dividendes (DPA) ajustés pour les opérations

Graphique 5.2. – *Évolution du bénéfice et des dividendes par action Air Liquide (1992-2022)*

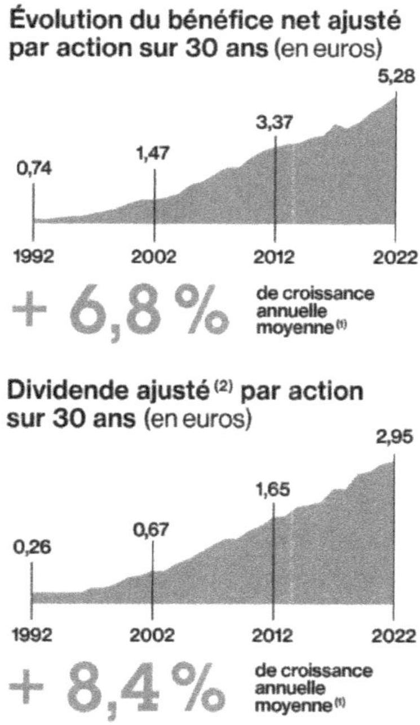

Source : Air Liquide, https://www.airliquide.com/fr/actionnaires

en capital (distributions d'actions gratuites, augmentations de capital). Sur les 30 dernières années de 1992 à 2022, le BPA a augmenté annuellement de 6,8 % et le DPA de 8,4 %. Sur la même période le chiffre d'affaires est passé de 4,5 milliards d'euros à 29,9 milliards d'euros. En 2022 la société employait 67 100 collaborateurs dans 73 pays. Ces chiffres témoignent de ce qu'une politique de dividende n'est pas l'ennemi de la croissance et de l'emploi. Naturellement de tels résultats ne peuvent être délivrés que si l'entreprise est prospère et qu'elle est capable de s'adapter en permanence et « *d'accompagner les transformations du monde, avec des métiers qui évoluent sans cesse, et de proposer des réponses aux demandes de nos clients, tout en sachant faire face aux enjeux majeurs qui impactent toute la société* » comme le dit le PDG d'Air Liquide dans son rapport annuel 2023.

Le graphique 5.3 montre l'évolution du cours de bourse (ajusté) de l'action Air Liquide et celle du CAC 40 sur la période 2002-2022, soit 20 ans. Ce graphique montre que l'action Air Liquide a largement surperformé le marché puisque sur 20 ans le titre Air Liquide est passé de 26,67 euros en 2002 à 130,40 euros en 2022, soit une multiplication 4,89 de la valeur de l'action ; ce qui représente une croissance de 396 % contre 111 % pour le CAC 40. Au total, que ce soit en termes de croissance du chiffre d'affaires, des bénéfices et des emplois créés il est

Graphique 5.3. – *Évolution du cours de bourse d'Air Liquide comparé au CAC 40 sur 20 ans (2002-2022)*

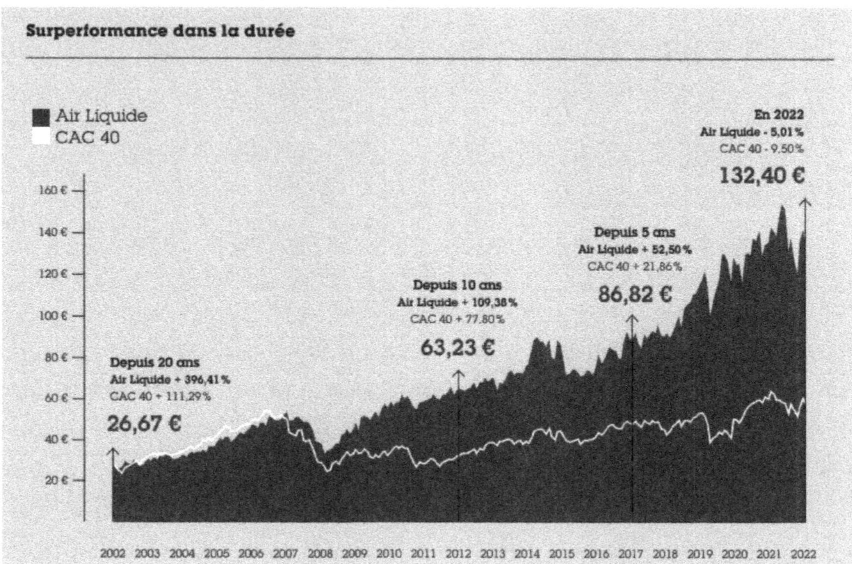

Source : Air Liquide, https://www.airliquide.com/fr/actionnaires

difficile de dire que la politique de dividende d'Air Liquide a freiné sa croissance. On peut même dire que cette politique de fidélisation de l'actionnariat individuel est à l'origine de cette croissance dans la mesure où elle a permis de développer l'actionnariat individuel qui représente 33 % du capital de la société.

Le cas de la société Air Liquide n'est pas unique et montre que la politique de dividende des entreprises ne saurait se résumer à la simple dénonciation des sommes versées aux actionnaires comme de nombreux observateurs militants ont tendance à le faire.

Si la plupart des entreprises cotées versent des dividendes, ce n'est pas le cas de certaines entreprises de la « nouvelle économie » comme Facebook ou Amazon.

Dès son introduction en bourse en mai 2012, le patron de Facebook, Mark Zuckerberg, a déclaré que les actionnaires ne devaient pas s'attendre à recevoir des dividendes. La seule possibilité de rémunération pour les souscripteurs serait la valorisation de l'action. Bien que les actionnaires de Facebook n'aient pas touché de dividendes, ils n'ont pas eu à se plaindre de leur investissement. Introduite à 38 dollars en mai 2012, l'action Facebook valait cinq ans plus tard (octobre 2017), 180 dollars. Ainsi en un peu plus de cinq ans, la valeur de l'action a été multipliée par 4,7 ; ce qui représente un taux de plus-value annualisé de 33 %. Cet exemple montre qu'il n'est pas nécessaire de verser des dividendes pour enrichir les actionnaires. En fait, le meilleur moyen d'enrichir les actionnaires c'est de créer de la valeur. Pour cela il faut investir dans des projets dont la rentabilité sera supérieure au coût du capital de la firme. Peu importe que la valeur créée soit distribuée sous forme de dividendes ou de plus-value (à la fiscalité près).

2. Les critiques adressées au versement de dividendes et au rachat d'actions

Les versements des dividendes aux actionnaires et les rachats d'actions constituent le cheval de bataille préféré des économistes altermondialistes. Il faut dire que ces sommes versées aux actionnaires sont facilement stigmatisées pour dénoncer les dérives du capitalisme et de la finance. La presse s'en fait du reste l'écho chaque année sans faire œuvre de pédagogie et participe ainsi au rejet du capitalisme dans la société française. Ainsi, pour l'ONG Oxfam France[2], « *En 2022, les*

2. Oxfam France, « Top 100 des entreprises : l'inflation des dividendes », juin 2023, https://www.oxfamfrance.org/rapports/dans-le-top-100-des-grandes-entreprises-francaises-cest-linflation-des-dividendes/

grandes entreprises françaises cotées enregistrent d'énormes bénéfices qui ont atteint 142 milliards d'euros. Cette même année le CAC 40 versait 80,1 milliards d'euros, des dividendes record en France, ce qui représente une hausse de 15,5 %. En parallèle, le nombre de milliardaires français a connu une explosion, tout comme leur richesse corrélée aux milliards de dividendes qui leur sont versés ». L'idée qui est sous-tendue ici est que les dividendes enrichiraient les actionnaires ; ce qui est faux comme nous le verrons par la suite. Enfin, il est rare de lire dans la presse que les bénéfices réalisés par les grandes entreprises françaises et les dividendes distribués permettent à l'État d'engranger davantage d'impôts et de cotisations diverses. Ces sommes considérées comme extravagantes – bénéfices et dividendes – ne sont vues que comme des dérives de notre système économique et financier.

Mais, surtout pour cette ONG, « *la question du partage de la valeur au sein des grandes entreprises représente un levier essentiel pour bâtir une société plus juste avec un appareil productif adapté à la crise climatique. Au sein de ce partage des richesses créées, il convient de s'intéresser aux salaires mais également aux paiements aux actionnaires, qui en comparaison avec les salaires atteignent des montants record* ». Comme on peut le voir, l'argumentation repose essentiellement sur la notion de « *société plus juste* », comme si le versement de dividendes était à comparer à la rémunération des salariés et que la politique de dividende des entreprises avait pour mission de réduire les inégalités de patrimoine dans les sociétés occidentales. D'autres observateurs préfèrent stigmatiser la hausse de ces dividendes par rapport à celle des primes versées aux salariés du fait des dispositifs de partage des profits pour les salariés (intéressement, participation, prime dividende, etc.). Nous verrons pourquoi ces comparaisons sont contestables.

Naturellement, afin de dénoncer cette dérive du capitalisme, l'ONG Oxfam France n'est pas avare de chiffres. C'est ainsi qu'elle fait remarquer entre autre que les actionnaires sont plus que jamais les grands gagnants du partage de la valeur au sein des grandes entreprises.

L'encadré 5.1 ci-dessous reprend les principales observations de cette organisation militante qui bénéficie d'un certain écho dans la société française.

Encadré 5.1.

Les observations de l'ONG Oxfam France

- Entre 2011 et 2021, dans les 100 plus grandes entreprises françaises cotées en bourse, la dépense par salarié n'a augmenté que de 22 %, tandis que les versements aux actionnaires ont augmenté de 57 %.
- Sur la même période, les 100 plus grandes entreprises cotées ont versé à leurs actionnaires en moyenne 71 % de ce qu'elles ont gagné chaque année.
- 40 % du SBF 120 est détenu par des familles parmi les plus grandes fortunes françaises et des investisseurs institutionnels.
- En 2019, 45 % des dividendes et rachats d'actions versés aux actionnaires par les 100 plus grandes entreprises cotées en bourse auraient suffi à couvrir leurs besoins en investissement dans la transformation écologique.
- Si, entre 2011 et 2021, la course folle aux dividendes n'a jamais cessé, elle s'est carrément envolée entre 2020 et 2021 : les paiements aux actionnaires ont bondi de 31,4 milliards d'euros, soit presque autant que l'ensemble de la masse salariale des entreprises du top 100 des entreprises.

Source : Oxfam France, 2023.

Encore plus grave pour cette ONG : « *La satisfaction des actionnaires à tout prix va parfois plus loin et opère même lorsque la santé financière de l'entreprise ne le permet pas. Certaines grandes entreprises n'hésitent en effet pas à cramer leur caisse et à s'appauvrir pour payer leurs actionnaires !* » Or ces affirmations et ces comparaisons ne sont pas fondées : le dividende n'est pas le salaire de l'actionnaires et l'ennemi de l'investissement.

Il n'y a pas que les ONG militantes pour dénoncer les dividendes versés aux actionnaires. Ainsi, lors de la crise sanitaire de la Covid-19, le ministre de l'Économie Bruno Lemaire a demandé aux entreprises dont l'État est actionnaire de ne pas verser de dividendes en 2020 pour une question de solidarité. Faute de pouvoir interdire aux entreprises totalement privées de verser des dividendes à leurs actionnaires, le ministre a appelé le 27 mars 2020 « *les entreprises, et notamment les grandes entreprises, à avoir le sens des responsabilités et faire preuve de justice* ». Dans aucun autre pays de l'OCDE de telles mesures acclamées par les syndicats ont été prises. Preuve que la culture économique de la France est bien particulière et que même pour un ministre de l'Économie d'un gouvernement modéré, les dividendes posent problèmes.

2.1. Les dividendes n'enrichissent pas les actionnaires

Dans la vision grand public, le dividende constitue la rémunération de l'actionnaire comme le salaire représente celle des employés. Et la rémunération des actionnaires est jugée excessive, voire même injuste, par nos commentateurs. Or cette vision n'est pas correcte et ignore les enseignements de la théorie financière. En effet, elle revient à considérer que le versement de dividende va enrichir les actionnaires à l'instar du salaire pour l'employé. En fait – et tous ceux qui gèrent un portefeuille d'actions le savent bien –, lors du détachement du coupon, l'action baisse, toutes choses étant égales par ailleurs, du montant du dividende. En d'autres termes, c'est l'actionnaire qui finance ses dividendes. Alors que le salaire versé au salarié enrichi ce dernier, rien de tel pour l'actionnaire et son dividende. Ce phénomène peut s'expliquer de plusieurs façons.

Tout d'abord, à partir d'un simple arbitrage de marché. Supposons qu'une action cote 100 euros avant le détachement d'un dividende de 3 euros. Sachant à l'avance et sans incertitude la date du versement du dividende, il suffirait d'acheter la veille l'action à 100 euros, encaisser le dividende de 3 euros et la revendre immédiatement pour s'enrichir. Cela serait vrai si l'action cotait encore 100 euros. Mais naturellement, après le versement du dividende, l'action ne cotera plus 100, mais 97 euros. Pourquoi ? Tout simplement parce que d'une part la valeur de l'action avant le détachement du dividende intègre son montant, et que si la valeur de l'action était inchangée, cette stratégie permettrait un enrichissement infini et sans risque ; ce qui est impossible sur le marché. Bien sûr, l'action ne cotera pas exactement 97 euros après le détachement du dividende, car entre-temps de nouvelles informations auront modifié la valeur de la société, mais cela ne concerne pas directement le dividende.

Une autre façon de montrer que le versement des dividendes va faire baisser la valeur de marché de l'entreprise (sa capitalisation) est de considérer son bilan avant et après la distribution. Prenons par exemple une entreprise dont le montant de la trésorerie s'élève avant détachement du dividende à 5 milliards d'euros et dont la capitalisation boursière est de 30 milliards d'euros avant distribution du dividende. Supposons que la valeur de ses dettes financières est de 10 Md€, ce qui fait une valeur globale de l'entreprise de 40 Md€ (fonds propres +

dettes financières). Le tableau 5.1 montre l'impact de la distribution des dividendes sur le bilan de l'entreprise.

Tableau 5.1. *– Impact de la distribution de dividendes sur le bilan de l'entreprise (en milliards d'euros)*

Avant la distribution de dividendes

	ACTIF		PASSIF
Actifs économiques	35	Capitalisation FP	30
Trésorerie	5	Dettes financières	10
TOTAL	**40**	**TOTAL**	**40**

Après la distribution de dividendes

	ACTIF		PASSIF
Actifs économiques	35	Capitalisation FP	28
Trésorerie	3	Dettes financières	10
TOTAL	**38**	**TOTAL**	**38**

Si cette entreprise verse un montant total de dividende de 2 Md€ à ses actionnaires sa trésorerie va passer de 5 à 3 Md€ et sa valeur globale à 38 Md€ (soit : 40 – 2). Comme la valeur des dettes financières ne va pas être impactée, ce sont les fonds propres qui vont baisser et la capitalisation boursière va s'élever à 28 Md€ (soit : 38 – 10). En d'autres termes, les actionnaires auront bien reçu 2 milliards d'euros de dividendes mais la valeur de leurs actions aura baissé de ce montant. Pour le rachat d'actions, le mécanisme est le même : baisse du montant de la trésorerie et baisse équivalente de la valeur des fonds propres.

Enfin, une autre façon de montrer la neutralité du dividende sur le patrimoine des actionnaires est également de considérer le paiement du dividende en actions. Cette fois, au lieu de verser du cash aux actionnaires, on leur verse l'équivalent en actions (« papier »). Cette fois il n'y a donc pas de diminution de la trésorerie de l'entreprise ni de sa capitalisation boursière mais création d'actions nouvelles distribuées aux actionnaires, ce qui correspond en fait à l'équivalent d'une distribution d'actions gratuites. Bien évidemment, la valeur de l'action va s'ajuster au nouveau nombre d'actions et donc baisser en conséquence. L'actionnaire qui désire du cash pourra toujours revendre sur le marché ses actions nouvelles reçues en paiement du dividende mais cela ne se traduira pas par un enrichissement du fait de l'ajustement du cours à la création d'actions gratuites. Au total, quelle que soit la façon dont on analyse la problématique du versement de dividende, ce dernier ne se traduit pas par un enrichissement des actionnaires, aux effets informationnels près.

Au total, le paiement du dividende ne fait que modifier la composition du portefeuille de l'actionnaire : la valeur de son portefeuille d'actions baisse du montant des coupons reçus et sa trésorerie augmente d'autant. Il n'y a pas d'enrichissement net pour les actionnaires contrairement au salaire et à la prime versée par l'entreprise à ses salariés et qui constituent un véritable gain. C'est ce qui fait dire aux auteurs du Vernimmen de façon imagée : « *Pas plus qu'un retrait à un distributeur automatique de billets ne vous a jamais enrichi, dividendes et rachats d'actions n'ont jamais enrichi les actionnaires*[3]. »

On ne peut ainsi comparer les montants des dividendes aux montants des salaires et des primes versées aux salariés. Par ailleurs, limiter la rémunération des actionnaires aux seuls dividendes est fort contestable puisque cela revient à ignorer ses gains (ou ses pertes) en capital. Si l'on considère que le rendement moyen en dividende (dividende/cours) est de 3 %, il suffit d'une baisse de 3 % pour que sa rentabilité globale soit nulle. Et que dire lorsque le marché plonge de 20 % ! L'actionnaire est, contrairement au salarié, un investisseur et sa rentabilité doit intégrer l'évolution de la valeur de son patrimoine. Le dividende n'est qu'un élément de sa valorisation.

2.2. Les dividendes ne sont pas l'ennemi de l'investissement

« *Verser des dividendes ou réinvestir pour poursuivre et accélérer son développement* ? », telle est la question qui est souvent posée à propos des dividendes à l'instar d'un journaliste[4] pour qui « *face à la pression des actionnaires, les entreprises se doivent de récompenser ces derniers* » au prix de réduire leurs budgets d'investissements. Il n'est pas le seul à penser que le dividende est l'ennemi de l'investissement des entreprises. Par exemple, Christian Chavagneux, journaliste économique et éditorialiste à *Alternatives Économiques*, écrit sur son blog (10/03/2014) un article intitulé les distributions de dividendes plombent l'investissement des entreprises : « *Les résultats du CAC 40 pour 2013 soulignent encore une fois combien le coût du capital pèse sur le tissu productif français : avec des profits en baisse de 8 %, les*

---

3. Dans *La Lettre Vernimmen* n° 204, janvier 2023, https://www.vernimmen.net/Lire/Lettre_Vernimmen/Lettre_204.html
4. Laslo Perelstein, *La Tribune* du 24/08/2016.

grandes entreprises augmentent leur distribution de dividendes de 6 %, au détriment de l'investissement». Il poursuit : « *Lorsque les entreprises françaises créent de la richesse, elles ne privilégient ni l'investissement pour préparer l'avenir et renforcer leur compétitivité, ni l'emploi, mais la rémunération des actionnaires* ». On pourrait citer bien d'autres commentateurs affirmant que si les entreprises n'investissent pas et donc ne créent pas d'emplois, voire en détruisent, c'est à cause des actionnaires.

Le fait que les dividendes versés aux actionnaires constituent un prélèvement qui risque d'obérer la croissance de l'entreprise en limitant ses possibilités d'investissements est un argument qui semble évident. En effet, dans une vision fermée de l'entreprise – c'est-à-dire sans possible recours au marché – il apparait au premier abord que les dividendes amputent la capacité d'investissement de l'entreprise. L'idée que les versements de dividendes seraient un frein à l'investissement vient d'une vision autocentrée de l'entreprise sur elle-même. Celle-ci ne pourrait investir au maximum que sa capacité d'autofinancement générée par son exploitation. Dans cette vision, il est bien évident que toute distribution de cash aux actionnaires vient diminuer mécaniquement le montant qui peut être investi dans de nouveaux projets. Mais si cette vision peut être considérée comme acceptable pour une entreprise non cotée, elle ne l'est plus quand l'entreprise est cotée et peut accéder librement au marché de capitaux. Il faut, en effet, se représenter l'entreprise en interaction permanente avec les marchés financiers. En cas de besoin elle peut toujours faire appel à ses actionnaires *via* des augmentations de capital. Du reste, c'est bien comme cela que les grandes entreprises financent tout ou partie de leurs acquisitions pour développer leur croissance. Il en effet rare qu'une entreprise puisse financer en totalité sur sa trésorerie (ou sa seule capacité autofinancement) une acquisition. L'exemple de la société Air Liquide[5] est illustratif d'une entreprise qui a une politique de dividende régulière et généreuse et qui pourtant n'hésite pas à faire appel au marché si besoin pour financer ses acquisitions. Pour Air Liquide, l'actionnaire est au cœur de sa stratégie avec un objectif : la valorisation de l'épargne des actionnaires par une croissance soutenue et régulière des résultats et des dividendes dans la durée. Pour autant, elle ne rationne pas ses investissements.

5. Pour de plus amples explications voir : M. Albouy, *Décisions financières et création de valeur*, *op. cit.*

De nombreux travaux académiques[6] ont étudié la relation entre la distribution de dividendes et l'investissement avec des résultats contrastés. La plupart d'entre eux ne révèlent pas de relation négative, autrement dit que le versement de dividendes n'affecterait pas les investissements des entreprises. Ce constat est renforcé si l'on considère les niveaux très élevés des trésoreries des entreprises cotées. L'augmentation des trésoreries des entreprises américaines a été notamment mise en évidence par Bates *et al.* (2009) et Graham et Leary (2018). En Europe, Dupuy *et al.* (2020) rapportent également sur un échantillon de 3 942 firmes de la zone euro que le ratio de détention de cash rapporté aux actifs a augmenté de 10,1 % en 1986 à 16,8 % en 2015. De plus, on constate que ce sont les firmes qui font le plus de dépenses de R&D qui détiennent le plus de cash, ce qui montre que ces entreprises ne sont pas en rationnement de capital. Enfin, la distribution de dividendes n'impacte pas la détention de trésoreries très positives.

Les sociétés matures qui ont les résultats les plus solides sont généralement les plus généreuses. Autrement dit, il n'y a pas de relation entre rétention du résultat et capacité bénéficiaire. Contrairement à la croyance commune, une entreprise qui distribue beaucoup à ses actionnaires n'a pas moins de ressources à investir pour créer de la valeur. En général, les deux vont de pair. Par ailleurs, une entreprise qui a besoin de cash pour investir pourra toujours s'adresser à ses actionnaires, surtout si ceux-ci sont satisfaits de son management.

Par exemple Pascal Quiry et Yann Le Fur[7] observent en 2017 que l'investissement est au plus haut en France et que les dividendes et les rachats d'actions le sont aussi. Après avoir étudié de près les politiques de dividendes des grandes entreprises françaises du CAC 40, ils montrent que les courbes d'évolution des dividendes et des investissements sont parallèles. Ils en concluent que « *investissements et dividendes ne sont pas antinomiques et exclusifs l'un de l'autre. Les cas où, au sein d'une entreprise, le cas où le versement des dividendes conduit à réduire les investissements sont rares* ».

2.3. Les rachats d'actions ne font pas monter le cours des actions

Mais il n'y a pas que les dividendes à être critiqués et vus comme l'expression même de la voracité et du court-termisme des actionnaires : il y a aussi les rachats d'actions. Évidemment le phénomène

6. On pourra se référer à M. Albouy et P. Dumontier.
7. *La lettre Vernimmen.net*, n° 152, octobre 2017.

atteint des proportions gigantesques aux États-Unis. Ainsi, selon Goldman Sachs les montants des rachats d'actions réalisés par les entreprises américaines se sont élevés à environ 1 000 milliards de dollars en 2018. De tels montants font couler beaucoup d'encre. Certains y voient la prochaine disparition de Wall Street et de ses excès.

Dans une chronique intitulée « Quand Wall Street fermera... » [8], Patrick Artus, économiste en chef de la banque Natixis, donne deux raisons pour expliquer les rachats d'actions par les entreprises cotées. La première, qui est triviale, comme le dit notre économiste, est que « *les rachats d'actions font monter les cours boursiers, ce qui plait aux investisseurs* ». La seconde serait que « *de plus en plus d'entreprises préfèrent ne pas être cotées* ». La preuve est qu'en l'espace de 20 ans, le nombre de sociétés cotées a été divisé par deux : 8 025 sociétés cotées en 1996, contre 4 100 aujourd'hui. Outre que la baisse du nombre d'entreprises cotées n'a pas grand-chose à voir avec les opérations de rachats d'actions, examinons la première raison invoquée : les rachats d'actions feraient monter les cours des actions. Malgré les progrès réalisés en matière de théorie financière des entreprises, il est triste d'observer que de telles croyances perdurent et soient relayées par des économistes en vue.

Pour certains observateurs, en réduisant le nombre d'actions en circulation (du fait du rachat et de l'annulation des titres), cette pratique augmenterait la valeur des actions du fait de l'augmentation mécanique du bénéfice par action (BPA). Cela est bien évidemment erroné. Bien entendu, le fait de diviser le bénéfice net par un nombre réduit d'actions fait que le bénéfice par action (BPA) va mécaniquement augmenter (effet relutif) mais cela ne va pas se traduire par une augmentation du cours de l'action car la valeur des fonds propres va s'ajuster en conséquence. En effet, si le BPA augmente bien, le *price earning ratio* (PER = cours/BPA) ne va pas rester constant comme peuvent le penser certains commentateurs. Comme pour les dividendes, le montant du rachat d'action va faire baisser la valeur de la trésorerie de l'entreprise et en conséquence la valeur de ses fonds propres. Il serait quand même extraordinaire que non seulement de recevoir du cash les actionnaires s'enrichiraient du fait du rachat de leurs titres.

En fait, le rachat d'actions est une opération strictement inverse à l'augmentation de capital en numéraire et ne constitue pas un enrichissement net des actionnaires. Si cela était le cas, il faudrait considérer que l'augmentation de capital représente une opération destructrice de valeur pour les actionnaires. Bien sûr il n'en est rien : contre un apport de cash,

8. Patrick Artus, *Le Monde*, 28 août 2018.

les actionnaires reçoivent des titres. Mais attention, l'augmentation de capital ne sera créatrice de valeur que si les fonds récoltés sont investis dans des projets d'investissement à valeur actuelle positive (rentabilité supérieure au coût du capital). Inversement, le rachat d'actions sera créateur de valeur si au lieu d'investir le cash dans des projets non rentables il est rendu aux actionnaires. Si émettre de nouvelles actions pour lever des capitaux auprès des actionnaires est une opération normale pour des sociétés cotées, il en va de même pour les rachats d'actions qui permettent aux entreprises de rendre du cash aux actionnaires. Dans les deux cas nul enrichissement ou appauvrissement pour les actionnaires.

L'existence de trésoreries très positives dément l'idée que les entreprises devraient réduire leurs budgets d'investissement pour racheter leurs propres actions. En fait, si les entreprises n'investissent pas suffisamment (aux yeux de certains observateurs) c'est tout simplement parce qu'elles manquent de projets suffisamment rentables. Par projets rentables nous entendons des investissements créateurs de valeur en tenant compte du coût du capital. Certes il est important que les entreprises préparent leur futur en investissant, mais pas au prix d'une destruction délibérée de valeur. L'acte d'investir n'est pas bon en soi : augmenter des capacités de production quand celles qui sont en place sont loin d'être saturées n'est pas un bon plan. Tout industriel le sait. Pour investir, encore faut-il qu'il y ait un marché et une demande solvable. Et ce n'est pas l'investissement qui crée cette demande. Il ne sert donc à rien de fustiger les dividendes et les rachats d'actions pour dénoncer l'éventuel manque d'investissement des entreprises.

Au lieu d'investir dans des projets insuffisamment rentables – c'est-à-dire ayant une rentabilité inférieure au coût du capital –, les dirigeants préfèrent rendre le cash aux actionnaires. Cet argent ne sera pas perdu et se retrouvera dans le circuit économique. C'est ainsi que même si le nombre de sociétés cotées diminue les actionnaires pourront investir dans d'autres entreprises ayant besoin de cash, voire participer à des opérations de *private equity*, ou encore financer des start-up. Bref, les rachats d'actions permettent tout simplement de faire circuler l'argent entre les entreprises.

3. Mais alors pourquoi verser des dividendes ?

Si les dividendes et les rachats d'actions n'enrichissent pas les actionnaires, pourquoi ces derniers en sont-ils friands ? Plusieurs explications peuvent être avancées. Tout d'abord, on constate que les actions des sociétés ayant des taux de distribution élevés (dividende/ résultat net) sont moins volatiles et que la volatilité des revenus des titres à fort rendement est généralement plus faible que le reste du marché. L'actionnaire à long terme souhaitant limiter ses risques s'orientera donc vers des sociétés ayant une politique de dividende généreuse et en croissance régulière. À long terme, la croissance des dividendes se retrouve du reste dans l'évolution des cours.

3.1. Les dividendes permettent une gestion à long terme

L'évolution des dividendes par action étant plus régulière à long terme que celle des cours de bourse, il s'ensuit que le rendement en dividende (ratio Dividende/ Cours) constitue un bon indicateur pour juger de la cherté du marché. Tout gestionnaire avisé devrait éviter de rentrer sur un marché dont le taux de rendement se situe à des niveaux historiquement bas. Par contre, un taux de rendement élevé constitue un signal pour investir. Si les investisseurs avaient surveillé ce ratio à la fin des années 1990, ils auraient pu éviter de succomber aux sirènes de la nouvelle économie et des valeurs technologiques ; évitant ainsi de lourdes pertes.

L'examen du graphique 5.4 permet de visualiser la grande régularité des dividendes versés par le groupe Air Liquide. On note la chute des cours en 2008 et 2009, conséquence normale de la crise économique liée à celle des crédits *subprimes*. Mais, à partir de 2010, la courbe des cours rejoint celle des dividendes. Un investisseur à long terme aurait donc pu profiter de la déconnexion passagère entre la

Graphique 5.4. – *Évolution des dividendes et du cours de bourse d'Air Liquide*

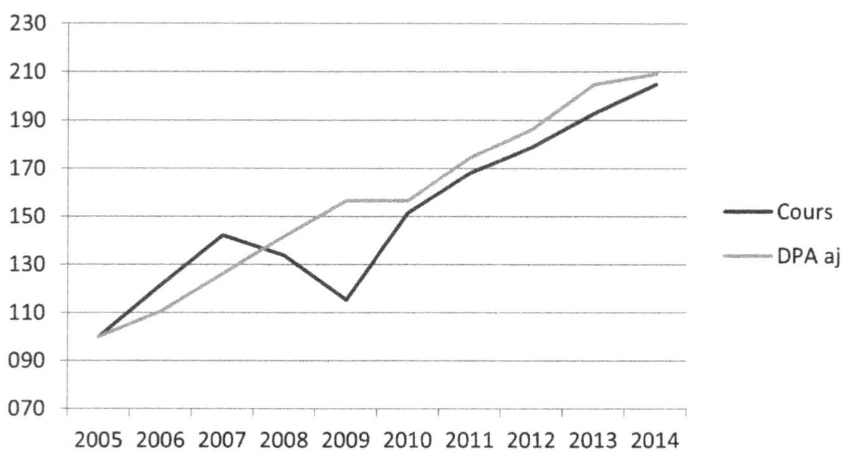

Source : M. Albouy (2017).

courbe des cours et celle des dividendes. Ce genre d'observation n'est pas exceptionnel.

3.2. Les explications théoriques pour la demande de dividendes

Parmi les raisons qui peuvent expliquer la demande des actionnaires pour les dividendes se trouve le besoin d'être informé sur la santé financière de l'entreprise par un signal crédible. En effet, en situation d'asymétrie informationnelle, les investisseurs ont besoin de signaux qui leur permettent de distinguer la qualité des firmes sur le marché. La théorie du signal appliquée aux dividendes permet de comprendre cette demande.

Depuis les travaux d'Akerlof (1970) on sait que sans un mécanisme permettant de signaler la qualité réelle des produits, les marchés caractérisés par un déséquilibre informationnel disparaîtraient. Pour Spence (1974), les conditions d'équilibre des marchés où l'information est asymétrique sont : un signal coûteux et des pénalités en cas de faux signal avéré.

Ainsi les modèles de signalisation par les dividendes illustrent comment les dividendes sont susceptibles de maintenir les marchés financiers en équilibre en supprimant, ou réduisant, l'asymétrie informationnelle entre offreurs et demandeurs de capitaux. La question étant pour les investisseurs de distinguer les « bonnes » firmes des « mauvaises ». Le dividende constitue un bon signal dans la mesure où il est coûteux et qu'il est fortement pénalisant en cas d'émission de fausse information. Il est coûteux car les dividendes sont généralement plus imposés que les plus-values, et il est pénalisant car en cas de baisse du coupon la réaction du marché est très négative. Le premier modèle de signalisation par les dividendes a été formulé par Bhattacharya en 1979. Depuis, de nombreux modèles visant à montrer le caractère de signalisation des dividendes ont été développés. Ces modèles révèlent que le dividende et surtout son évolution constituent un excellent signal pour réduire l'asymétrie informationnelle entre les investisseurs et les dirigeants d'entreprises.

Les nombreuses études empiriques[9] réalisées sur différents marchés démontrent la pertinence d'une telle approche. Grâce aux versements de dividendes les dirigeants qui sont mieux informés que quiconque sur les potentialités et sur les perspectives d'avenir de leurs entreprises, peuvent faire part aux investisseurs de leurs anticipations futures. Deux

9. Voir Jacquillat et Levasseur (1984) et Albouy et Dumontier (1991) pour une revue des nombreux travaux réalisés dans les années 1970 et 1980.

conclusions convergentes se dégagent de ces recherches. D'une part, les investisseurs corrigent leurs anticipations et réévaluent significativement les titres des sociétés dès que celles-ci annoncent leur dividende ; d'autre part, le niveau des bénéfices futurs est un déterminant du montant des dividendes.

Une autre explication théorique se trouve également dans la théorie de l'agence. La recherche en gouvernance se préoccupe principalement des mécanismes de discipline des dirigeants, c'est-à-dire des mécanismes ayant pour objet de limiter le comportement opportuniste des dirigeants et d'aligner leurs intérêts sur ceux des actionnaires, leurs mandataires. Parmi l'ensemble des mécanismes identifiés dans la littérature, la politique de dividende a donné lieu à une attention particulière au cours des vingt-cinq dernières années. Bien que le montant des dividendes versés soit discrétionnaire, Easterbrook (1984) et Jensen (1986) ont notamment avancé que le versement de dividendes présente deux avantages. D'une part, il limite le montant des capitaux susceptibles d'être « gaspillés » par les dirigeants. D'autre part, il contraint les dirigeants à recourir aux marchés des capitaux lorsqu'ils souhaitent financer de nouveaux projets et, ainsi, à justifier l'utilisation des capitaux.

Les actionnaires réclameraient donc des dividendes afin de limiter l'espace discrétionnaire des dirigeants. En leur demandant de « rendre l'argent », *via* des dividendes ou des rachats d'actions, ils limiteraient l'accumulation de cash dans la trésorerie de l'entreprise et par la même occasion les possibilités de gaspillage par des dirigeants peu regardants sur la rentabilité de leurs projets. On pense notamment aux fusions-acquisitions[10] réalisées dans le but de construire des empires et qui détruisent de la valeur comme on le voit trop souvent. La recherche empirique sur les fusions-acquisitions montre ainsi que les acquisitions réalisées par des sociétés disposant de trésorerie importantes sont moins rentables que celles des sociétés plus contraintes en cash.

Enfin, on peut également mentionner le biais cognitif des actionnaires en faveur des dividendes perçus comme une prime de fidélité. À noter que ce biais est bien connu des dirigeants qui souhaitent, selon leur propre expression, « fidéliser » leurs actionnaires. Le cas de la société Air Liquide est éloquent à cet égard.

Au total, les dividendes et les rachats d'actions constituent des moyens de réallocation du capital dans l'économie et des outils de gestion financière des entreprises, et non une politique délibérée d'enrichissement des actionnaires au détriment de l'entreprise.

---

10. Voir Albouy M. et Bonnet C.

Chapitre 6

Les actionnaires activistes sont-ils néfastes ?

Au-delà de leurs exigences démesurées de rentabilité, les actionnaires sont aussi pointés du doigt lorsqu'ils s'intéressent de trop près à la gestion des entreprises et demandent des changements dans leur gestion. C'est notamment le cas des actionnaires activistes qui n'hésitent pas à bousculer le management en place. Inutile de dire qu'ils ne sont généralement pas bienvenus ni par les dirigeants, les salariés et souvent les pouvoirs publics.

Considéré comme l'axe du mal par ses détracteurs, et notamment par une grande partie de la classe politique française, l'actionnaire activiste n'est rien d'autre qu'un contre-pouvoir qui utilise ses droits d'actionnaire ; rien de plus. En ramenant à sa juste proportion le pouvoir de ces « vautours » des entreprises on peut commencer à raisonner sereinement sur leur véritable impact sur la gestion des entreprises et leurs performances[1].

Tous ceux qui estiment que le marché est myope estiment en général que les cours boursiers ne reflètent pas la vraie valeur à long terme des entreprises telle qu'elle peut être estimée à partir des informations publiques. Ils estiment également que les actionnaires activistes ont des horizons de gestion à très court terme. Le fait que ces actionnaires activistes profitent de la faiblesse (anormale ?) des cours boursiers de leurs cibles est condamnable alors qu'il est bien connu que ce sont justement les mauvaises gestions qui se trouvent sanctionnées par les activistes.

Il est ainsi paradoxal que dans la plupart des critiques publiques de l'activité de ces fonds leur impact sur la performance économique des entreprises est ignoré. Tout se passe comme si, par construction, ils ne

1. Ce chapitre reprend en grande partie nos articles parus dans la revue *Finance Contrôle Stratégie* (2017) et la *Revue Banque* (2020).

pouvaient que mettre en péril l'avenir des entreprises et leurs salariés à travers des actions motivées uniquement par l'enrichissement à court terme et leur volonté de « déstabiliser des directions d'entreprises ». Et si les choix effectués par les dirigeants des entreprises visées n'étaient pas les bons ? Doit-on se contenter d'approuver en permanence les choix des dirigeants qui sont « enracinés[2] » ? Qui pour les contester ? Les actionnaires qui votent avec leurs pieds, comme on dit vulgairement, mais qui quittent le navire ? Des investisseurs assez fortunés pour lancer une OPA ? L'activisme est une réponse à cette question du contrôle des dirigeants des grandes entreprises faisant appel à l'épargne publique.

La principale critique à l'encontre des fonds activistes serait leur vision à court terme afin de réaliser une plus-value rapide, au détriment d'une politique de gestion d'entreprise à moyen et long terme. Par exemple, un rapport intitulé « Activisme actionnarial » publié en 2019 par l'Association française des entreprises privées (AFEP) dénonce le fait que les actionnaires activistes font pression sur les entreprises afin d'obtenir des plus-values à court terme au détriment de la création de valeur à long terme. Un rapport d'information de la Commission des Finances de l'Assemblée Nationale publié également en 2019 relève que la pression grandissante qu'exercent les actionnaires sur les sociétés cotées peut être saine, sauf quand elle prend des formes excessives. Sont visées essentiellement ici les activités des vendeurs à découvert (*short sellers*) qui parient sur la baisse des cours. L'encadré 6.1 extrait du rapport de la Commission des Finances de l'Assemblée Nationale montre l'importance grandissante des actionnaires activistes et leurs succès.

Encadré 6.1.

Le succès des campagnes des activistes

L'importance grandissante des activistes se mesure également aux succès de leurs campagnes. En 2018, 161 sièges dans les conseils d'administration avaient été obtenus par des activistes, soit une augmentation de 56 % par rapport à 2017 (1). Une affaire particulièrement médiatisée en Europe en 2018 a été celle du fonds Elliott Management chez Telecom Italia, un groupe privé de télécommunications italien. Vivendi était premier

2. La théorie de l'enracinement part du constat que les mécanismes de contrôle et d'incitation pour accroître l'efficacité de la gestion des dirigeants ne sont pas toujours suffisants pour contraindre les dirigeants à gérer l'entreprise en conformité avec les intérêts des actionnaires. Voir : www.vernimmen.net

actionnaire avec 24 % des parts lorsque le fonds Elliott Management a annoncé en avril 2018 avoir acquis 5 % des parts, puis 9 %. Critique de la stratégie suivie par Telecom Italia (2), le fonds a affiché sa volonté de faire entrer au conseil d'administration des administrateurs indépendants. Il a réussi à faire élire 10 administrateurs sur les 15 que compte le conseil d'administration, avec 49,84 % des voix, contre 47,18 % pour la liste présentée par Vivendi. La visibilité des activistes est également renforcée par le rôle joué par les investisseurs dits « traditionnels », qui expriment de plus en plus régulièrement leur opinion sur les campagnes activistes majeures. Ce fut le cas dans le dossier Elliott Management/ Telecom Italia, où le fonds activiste a reçu le soutien de la Caisse des dépôts italienne.

Source : Rapport d'information sur l'activisme actionnarial, Assemblée Nationale, 2 octobre 2019.

De leur côté, Brav *et al.* (2008) constatent que les *hedge funds* s'engagent de plus en plus dans une nouvelle forme d'actionnariat à travers un activisme et une surveillance qui diffèrent des actions des autres investisseurs institutionnels. Ainsi les *hedge funds* sont capables d'influencer les conseils d'administration et la direction des entreprises et il semblerait qu'ils seraient mieux placés pour jouer le rôle de moniteurs informés que les autres investisseurs institutionnels.

Par ailleurs, l'activisme actionnarial ne concerne pas que des *hedge funds*. Il peut s'agir d'actionnaires engagés socialement ou impliqués dans des sujets environnementaux, voire sociétaux, et qui contestent la façon dont l'entreprise est gérée[3]. C'est la raison pour laquelle, il serait injuste de discréditer tout un mouvement croissant d'engagement actionnarial, se transformant progressivement, et pouvant aider les entreprises à prospérer.

L'activisme actionnarial introduit une discipline de marché salutaire permettant à la fois, pour les entreprises, de conserver la confiance des investisseurs et de prospérer avec la meilleure gouvernance possible. L'activisme s'appuie sur une lacune identifiée au sein de l'entreprise. Il propose, ainsi, une vision que les autres parties concernées doivent pouvoir accepter ou refuser, en particulier quant à la capacité de celle-ci à créer de la valeur à long terme.

La pratique de l'activisme actionnarial est apparue dans les années 1980, et s'est largement développée depuis la crise de 2008. La pratique

3. On pourrait citer à cet égard de nombreux cas de gestions contestables comme Nike avec ses chaussures fabriquées par des enfants en Indonésie, ou encore la marée noire due à British Petroleum dans le golfe du Mexique en 2010, et le scandale des moteurs diesels de Volkswagen en 2015. Sans compter, la faillite d'Enron en 2001 du fait de ses opérations spéculatives sur le marché de l'électricité et qui avaient été maquillées en bénéfices *via* des manipulations comptables.

des fonds activistes s'éloigne de celles traditionnellement utilisées par les *hedge funds* et fonds de *private equity* dans la mesure où ces investisseurs ne s'appuient plus seulement sur le levier de la dette pour produire un rendement (principe du LBO, *leveraged buyout*), mais se conçoivent désormais comme des investisseurs bien plus interventionnistes avec une vision à long terme dans la conduite opérationnelle des entreprises ciblées. C'est ainsi que ces actionnaires activistes n'hésitent pas à remettre en cause la stratégie des dirigeants dès lors que les performances financières ne sont pas au rendez-vous.

Ce chapitre est organisé de la façon suivante. Dans une première section et pour planter le décor des dérives supposées de l'activisme actionnarial, nous abordons la question des activistes *short-seller* (vendeurs à découvert) en l'illustrant par l'affaire Casino qui a fortement secoué la place de Paris dans les années 2020. Nous présentons ensuite l'étude séminale des professeurs Lucian Bebchuk, Alon Brav et Wei Jiang[4] (2015) sur l'impact de l'activisme actionnarial sur les performances à court, moyen et long terme des entreprises américaines. Dans une troisième partie nous exposons les résultats obtenus par d'autres chercheurs sur l'impact de l'activisme actionnarial sur la performance des entreprises, notamment européennes. Enfin dans une dernière section nous faisons état d'études de cas illustrant les raisons qui déclenchent l'intervention des investisseurs activistes.

1. Les activistes *short seller* sont-ils des Gordon Gekko ?

Le film d'Oliver Stone *Wall Street* (1987) a beaucoup contribué au mythe de la finance immorale et à la dénonciation de ses dérives auprès du grand public. Le personnage principal du film, Gordon Gekko, s'inspire de différents financiers de Wall Street, Ivan Boesky, Carl Icahn et Michael Milken entre autres.

1.1. L'innovation financière des junk bonds

Dans les années 1980, les innovations financières ont contribué à faire émerger de nouveaux marchés et de nouveaux instruments financiers comme les fameux *junk bonds* ou obligations pourries. L'idée était de donner accès aux crédits à de petites firmes pour qu'elles puissent se développer, mais à des taux d'intérêt bien plus élevés que la moyenne, compte tenu du risque. Malgré ces conditions le marché explosa et permis de financer, ou de refinancer, de très nombreuses entreprises en

4. Respectivement professeurs à Harvard University, à Duke University et à Columbia Business School.

difficulté. C'est grâce à ces *junk bonds* que Michael Milken fit fortune avant de tomber pour un délit d'initié. Une enquête pour délit d'initié amena à sa mise en examen pour 98 chefs d'inculpation de fraude en 1989. Après un accord, Michael Milken fut condamné à dix ans de prison, mais en fit moins de deux.

Avec le succès des *junk bonds*, ces obligations à haut rendement furent également utilisées pour lancer des offres publiques d'achat hostiles sur des firmes aux performances insuffisantes. Le raider empruntait de l'argent grâce aux *junk bonds*, rachetait l'entreprise-cible puis, pour rembourser son crédit, démantelait la firme rachetée et vendait les différentes parties aux firmes intéressées (éventuellement contactées en avance). Cette période fit la fortune de la banque Drexel et de ses dirigeants. C'était l'ère de ces fameux golden boys qui inspirèrent tant le cinéma américain sur Wall Street.

1.2. La vente à découvert à l'origine des mises à mort ?

Mais le personnage de Gordon Gekko continue à hanter plus de 30 après les esprits des chroniqueurs de la vie des entreprises, même en France. C'est ce que l'affaire Casino nous révèle. Ainsi, pour Jean-Philippe Denis, Alain-Charles Martinet et Franck Tannery la chute de Casino consacrerait l'avènement d'un « capitalisme de corrida » [5]. L'affaire Casino commence le 17 décembre 2015 avec la publication d'un rapport d'alerte sur la situation du groupe de distribution par le fonds activiste américain Muddy Waters, dirigé par Carson Block. Ce rapport met en évidence le surendettement des holdings qui détiennent les sociétés du groupe, ainsi qu'une trajectoire stratégique défavorable qui ne permettrait pas de générer suffisamment de liquidités pour rembourser les dettes à long terme. L'opacité de la structure de gouvernance était également étrillée à juste titre. Les auteurs du rapport soulignaient que ce manque de transparence pouvait faciliter tous les abus. Pour Muddy Waters la conclusion était sans appel : il était urgent de vendre les actions, de préférence « à découvert ».

À noter que contrairement à ce que d'aucuns pensent la vente à découvert est une technique financière particulièrement risquée et que rien ne permet d'affirmer que ceux qui s'y livrent sont gagnants à tous les coups. Il existe en effet un risque d'une accélération brutale de la hausse du cours de l'action « shortée » qui survient lorsque trop de

5. The Conversation, « La chute de Casino consacre-t-elle l'avènement d'un "capitalisme de corrida" ? », 20 juillet 2023, https://theconversation.com/la-chute-de-casino-consacre-t-elle-lavenement-dun-capitalisme-de-corrida-210076

vendeurs couvrent leur position en même temps (c'est-à-dire rachètent des actions pour les rendre à leurs prêteurs), c'est le fameux *short squeeze* ou effet boule de neige (la hausse du cours déclenche encore plus de couvertures de positions qui déclenchent elles-mêmes d'autres débouclements de positions). Les pertes financières sont alors illimitées. Ce risque limite du reste les actions de concert entre *shorteurs*.

Pour Jean-Philippe Denis *et al.*, « *cet épisode 2015-2023 fait immanquablement penser au film* Wall Street *(1987) d'Oliver Stone. Le personnage principal, Gordon Gekko (incarné par Michael Gouglas), fait figure de matador sans pitié qui repère ses proies et ne parie que quand il est certain. Il l'assume : nous vivons dans un monde darwinien ; les dirigeants sont toujours suspectés d'abuser de leurs positions d'autorité pour s'enraciner et s'enrichir indûment sur le dos de la société, et donc des actionnaires* ». Selon nos observateurs et d'autres, c'est cette recommandation qui aurait provoqué une chute de 20 % du cours de bourse et en conséquence l'enrichissement des vendeurs à découvert. Cette spéculation à la baisse (nommée *short selling*) aurait eu un impact à la baisse sur le cours de bourse de Casino, ce qui avait conduit son PDG Jean-Charles Naouri à dénoncer « une campagne de déstabilisation ».

Cependant, la thèse selon laquelle la chute de Casino aurait été provoquée par le rapport du fonds activiste américain Muddy Waters et ses conseils de vendre le titre est contestable. Ainsi, selon deux experts Simon Gueguen et Lionel Melka, « *il semble que les fonds activistes vendeurs aient conduit un travail d'investigation méticuleux* » et que les manœuvres des fonds activistes ne sont pas à l'origine de la chute du groupe de distribution[6].

Par ailleurs, il apparaît également que le comportement des dirigeants de Casino soit loin d'être irréprochable. Ainsi le groupe Casino est visé depuis le 5 février 2020 par une enquête portant sur la manipulation de cours en bande organisée et délit d'initié qui remonteraient à 2018 et 2019. Le 11 novembre 2023 on apprenait que l'Autorité des marchés financiers (AMF) avait annoncé avoir infligé une amende de 25 millions d'euros à Rallye, maison mère du distributeur en difficulté Casino, « *pour avoir diffusé des informations fausses ou trompeuses susceptibles de fixer le cours du titre Rallye à un niveau anormal ou artificiel* ». L'AMF a également infligé une amende de 1 million d'euros au directeur général de Rallye, jugé responsable dans cette même

---

6. https://www.lemonde.fr/idees/article/2023/08/21/casino-il-semble-que-les-fonds-activistes-vendeurs-aient-conduit-un-travail-d-investigation-meticuleux

affaire de manipulation de marché[7]. Le collège de l'AMF – son autorité de poursuite – reproche en effet à Rallye d'avoir diffusé à 11 reprises, entre le 8 mars 2018 et le 15 mai 2019, « *des informations fausses ou trompeuses sur la situation financière de Rallye* » dans 14 supports de communication. Ces informations, qui concernaient les résultats annuels 2017 de Rallye, ses résultats du 1er semestre 2018 et ses résultats annuels 2018 « *donnaient aux investisseurs une image de sa situation de liquidité plus favorable qu'elle ne l'était réellement* », a ajouté l'AMF dans un communiqué. Ces éléments permettent de relativiser fortement la thèse de la mise à mort organisée par le fonds activiste. En publiant son rapport d'alerte, Muddy Waters faisait un travail de lanceur d'alerte. Du reste, si les acteurs du marché n'avaient pas été convaincus par le rapport ils n'auraient pas suivi les recommandations de vente à découvert.

Un autre exemple nous est donné par le cas de la société espagnole Gowex sur laquelle le fonds américain Gotham City Research avait publié un rapport en 2014 en affirmant que 90 % des recettes déclarées par l'entreprise étaient suspectes et que l'action n'avait plus de valeur. Après cette publication, le titre s'effondra, et le PDG de Gowex avoua qu'il avait effectivement falsifié les comptes. On pourrait citer bien d'autres exemples.

Selon Paugam *et al.* (2020), qui ont étudié les rapports sur 171 sociétés, publiés par six shorteurs activistes majeurs, les activistes *short seller* attaquent des sociétés douteuses et cotées en bourse en publiant des rapports, dont l'objectif premier est de dénoncer des fraudes, des malversations financières, de fausses déclarations ou des modèles commerciaux déficients. Les shorteurs activistes réalisent un travail d'enquête et d'analyse approfondi sur les entreprises suspectes qu'elles traquent. Puis, les shorteurs tissent un récit éloquent afin de persuader les acteurs du marché que la société en question est très probablement surévaluée. S'ils parviennent à convaincre les autres investisseurs qu'une société est surévaluée, le cours de ses actions chute, leur permettant de générer du profit, puis qu'elles vendent à découvert (directement ou indirectement) les parts de l'entreprise dénoncée juste avant de publier leur rapport. C'est ce qui s'est passé dans le cas de Casino.

Dans ce contexte, les activités des shorteurs activistes peuvent apparaître comme des pratiques bienvenues pour lutter contre les

7. https://www.lefigaro.fr/flash-eco/l-amf-inflige-une-amende-de-25-millions-d-euros-a-rallye-la-maison-mere-de-casino-20230911

irrégularités financières et lutter contre la fraude grâce au verdict du marché.

2. L'effet à long terme des *hedge funds* activistes

De nombreuses études empiriques ont cherché à voir si l'activité des *hedge funds* activistes avait un impact à moyen et long terme sur les entreprises visées.

2.1. L'impact à long terme des hedge funds *aux États-Unis*

En utilisant un vaste ensemble de données récoltées manuellement sur la période 2001-2006, Brav *et al.* (2008) constatent, contrairement à ce qui est généralement affirmé, que les fonds activistes aux *États-Unis* proposent des solutions stratégiques, opérationnelles et financières qui permettent de redresser les entreprises visées dans deux tiers des cas. Dans l'ensemble, les *hedge funds* recherchent rarement le contrôle des firmes visées. À la suite de l'action des activistes, les entreprises cibles connaissent une amélioration de leurs performances opérationnelles et une augmentation du taux de rotation des PDG. Ce faisant, l'activisme actionnarial constitue bien un élément de la gouvernance des entreprises cotées.

L'impact de l'activisme actionnarial sur la performance des entreprises ne peut être dissocié des caractéristiques des firmes qui font l'objet de cet activisme. L'étude de Brav *et al.* (2008) nous fournit des renseignements intéressants à ce sujet. Ils mettent en évidence que les *hedge funds* activistes prennent pour cible des entreprises disposant de faibles opportunités de croissance ; distribuant moins de cash que leurs pairs ; versant des rémunérations significativement plus élevées à leurs dirigeants ; adoptant des mécanismes de défense anti-OPA ; possédant un actionnariat institutionnel plus important. À partir de données collectées sur la période 2001-2006 sur 236 *hedge funds* américains, ils montrent que ces acteurs contribuent à créer de la valeur pour les actionnaires en influençant la gouvernance des entreprises dans le sens de leurs intérêts.

Mais que font ces activistes ? Quand ils le peuvent, ils proposent des modifications dans les programmes d'investissement (cessions d'actifs ou autres projets) de l'entreprise, une autre politique de dividende et/ou de financement, voire le remplacement du président-directeur général. Pour proposer de tels changements dans la gestion de l'entreprise, ces acteurs ont besoin d'informations venant de l'intérieur de l'entreprise. C'est la raison pour laquelle ils s'invitent au capital des sociétés visées avec des prises de participation minoritaires. Naturellement, ils espèrent que leur investissement prendra de la valeur du fait des changements apportés à la gestion de la firme. Et contrairement à ce que beaucoup croient ils sont patients et leur horizon n'est pas qu'à court terme. Ceci étant, la question centrale demeure : leurs actions ont-elles un impact positif sur les performances à long terme de la société et sa valorisation ?

L'étude de Bebchuk *et al.* (2015) apporte des réponses à la question de l'impact à long terme de l'activisme des *hedge funds*[8]. Elle s'efforce également de répondre à la critique du court-termisme adressée par de nombreux commentateurs selon lesquels « *les actionnaires activistes font pression sur les entreprises afin d'obtenir des plus-values à court terme au détriment de la création de valeur à long terme* ». Leur étude empirique couvre la période 1994-2007 et leur échantillon comprend 2 040 opérations. C'est de loin l'étude la plus exhaustive réalisée aux États-Unis sur l'activisme des *hedge funds*. Les auteurs invalident l'idée selon laquelle les *hedge funds* activistes auraient une vision uniquement court-termiste qui se révèlerait nuisible à long terme pour les entreprises et leurs actionnaires. Selon leurs travaux, les *hedge funds* activistes ont un impact positif à long terme (5 ans) sur les performances opérationnelles et financières des firmes visées ainsi que sur leur valorisation.

L'étude de Bebchuk *et al.* révèle que les actionnaires activistes ciblent généralement des entreprises qui sous-performent par rapport à leurs concurrents mais également par rapport à leur historique. Elle montre également que pendant les cinq années qui suivent leur intervention, les entreprises cibles ne font pas l'objet de décisions qui iraient à l'encontre de leurs performances opérationnelles à long terme.

Dans leurs conclusions, Bebchuk *et al.* notent que les cibles des actionnaires activistes tendent à être des entreprises dont les performances opérationnelles sont inférieures à celles de la moyenne de leur secteur mais également les plus mauvaises de leur histoire au moment de l'intervention. Ils montrent que cette tendance au déclin des performances opérationnelles des firmes visées s'observe pendant les trois années qui précèdent l'intervention des *hedge funds*. Cela confirme bien la fonction disciplinaire de ces fonds activistes à l'égard du management en place.

8. Pour une revue de la littérature très complète sur l'activisme des actionnaires aux États-Unis, voir l'article de Denes *et al.* (2015).

Encore plus intéressant, pendant les cinq années qui suivent l'intervention des actionnaires activistes, ils n'observent pas de gains à court terme qui viendraient compromettre les performances opérationnelles à long terme des entreprises. Ils étudient pour cela l'évolution du ratio Q de Tobin et le ROA (*Return on assets*). Ces deux ratios permettent de capter la performance opérationnelle des firmes. C'est ainsi qu'ils observent sur leur échantillon de 2 040 opérations d'activistes que les performances opérationnelles des firmes s'améliorent de façon statistiquement significative à un horizon de trois, quatre et cinq années suivant l'intervention. Ils en concluent que la critique du court-termisme supposé des actionnaires activistes n'est pas corroborée par leurs résultats empiriques[9].

2.2. Des études qui confirment les conclusions de Bebchuk et al.

Dans une étude pionnière pour la France, Albouy et Schatt (2004) étudient l'impact de l'arrivée d'un actionnaire activiste au capital de la société André. Leur étude révèle l'impact positif sur l'amélioration de la rentabilité de l'entreprise à moyen terme. Ainsi, l'analyse des comptes financiers du groupe Vivarte sur une période de temps significative (cinq ans) démontre que le changement de dirigeants, suite à la bataille de procuration, a porté ses fruits : augmentation sensible du chiffre d'affaires, amélioration des taux de marge, surperformance du titre par rapport au marché. Dans un article publié ultérieurement, Albouy et Schatt (2009) s'intéressent aux batailles de procurations (*proxy fights*). Ils observent que, dans la plupart des cas, ces opérations sont déclenchées du fait d'une faible création de valeur actionnariale, ou d'une mauvaise gestion financière de l'entreprise (insuffisance de rentabilité, perte de valeur de l'action, risque de faillite), ou encore de résolutions considérées comme spoliatrices pour les actionnaires (cession à un prix jugé insuffisant, pilules empoisonnées empêchant les OPA, etc.).

Parmi les études réalisées en Europe sur l'impact de l'activisme des *hedge funds* sur la performance des entreprises, citons celle de Stokman (2007) qui étudie leur impact à partir d'un échantillon de 94 interventions entre 2000 et 2007. L'échantillon comporte des cibles (nombre) venant des pays suivants : France (15), Allemagne (18), Italie (5), Hollande (10), Suède (6), Suisse (4), Royaume-Uni (36). Il effectue de plus une comparaison avec des interventions comparables en Amérique du Nord : États-Unis (90) et Canada (4). Il étudie les conséquences des

9. Bebchuk *et al.*, « *The evidence on firm performance does not support the myopic-activists claim* ».

interventions des actionnaires activistes sur la création de valeur à court et à moyen terme (3 à 6 mois après l'annonce de l'intervention). Il montre ainsi que les rentabilités anormales sont significativement positives à court et à moyen terme, indiquant que les *hedge funds* activistes contribuent à créer de la valeur pour les actionnaires. À noter que les résultats obtenus sont assez proches pour l'échantillon européen et l'échantillon américain. De leur côté, Bessler *et al.* (2015) montrent dans une étude réalisée en Allemagne que l'action des *hedge funds* qui acquièrent des blocs dans des firmes mal gouvernées et peu rentables permet d'augmenter leur valeur à court et à long terme. Leurs conclusions sont conformes à celles de Bebchuk *et al.* (2015).

Albouy *et al.* (2017) s'attachent à répondre à partir d'une étude empirique sur l'Europe à la critique de court-termisme des activistes en reprenant la méthodologie de Bebchuk *et al.* (2015). Leur objectif est d'étudier l'impact des actionnaires activistes sur la performance boursière et opérationnelle des entreprises cibles en Europe à court, moyen et long terme. Les pays étudiés sont la France, l'Allemagne, le Royaume-Uni, l'Espagne, les Pays-Bas et la Suède. Ils notent que l'activisme actionnarial en Europe s'est principalement développé dans les trois premiers pays cités. En effet, selon l'étude de J.P. Morgan[10] (2014), le Royaume-Uni compte pour 43 % des cas d'activisme actionnarial en Europe, suivi par la France (11 %), la Suisse (près de 8 %), ainsi que l'Allemagne (7 %). Ces chiffres démontrent que l'activisme actionnarial est moins développé en Europe continentale qu'au Royaume-Uni. Ceci confirme une nouvelle fois la différence entre le capitalisme anglo-saxon et celui d'Europe continentale.

L'échantillon de leur étude est composé de 23 sociétés cotées ayant fait l'objet d'interventions de *hedge funds* activistes entre le 1er janvier 2000 et le 31 décembre 2008. Parmi leurs différents résultats ils observent qu'en moyenne le ROA est supérieur dans chacune des cinq années après l'intervention par rapport au niveau de l'année du déclenchement de l'intervention. Ils remarquent également une très claire progression du niveau de ROA sur la période d'étude (5 ans), avec un ROA moyen de –4,3 % en année t et de 8,1 % en t + 5. Il s'agit ici de ratios non ajustés pour les secteurs d'activité. Leurs résultats infirment donc l'idée de la vision court-termiste de l'impact de l'activisme ; vision qui se traduirait par une augmentation initiale de la performance opérationnelle à court terme suivie d'une baisse à moyen et long terme.

10. J.P. Morgan, « Knocking on the door – Shareholder activism in Europe », août 2014.

Le graphique 6.1. permet de visualiser l'impact des actionnaires activistes sur les performances des entreprises cibles sur la période allant de t – 1 à t + 5. Il s'agit ici des ratios du ROA et de la marge d'EBITDA ajustés aux secteurs d'activité.

***Graphique 6.1.** – Évolutions moyennes du ROA et de la marge d'EBITDA ajustées aux secteurs d'activité sur la période de t – 1 à t + 5*

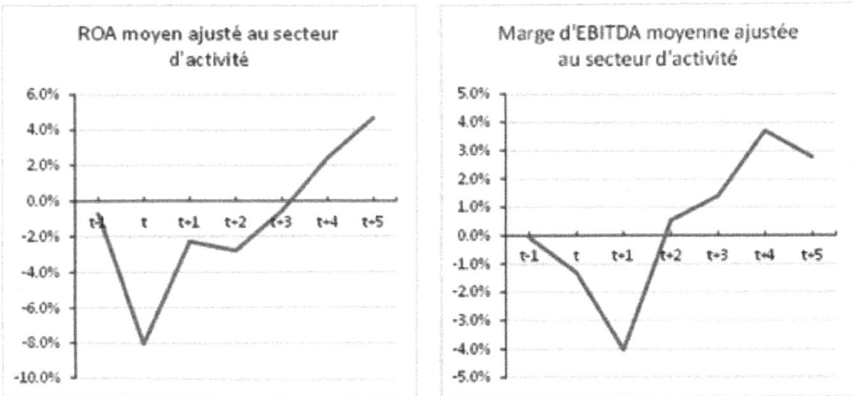

Source : Albouy *et al.* (2017).

Cependant, il convient d'être prudents quant à ces conclusions, vu la faiblesse de l'échantillon et les niveaux d'écart-type relativement élevés des variables étudiées, mais cette étude conforte les résultats obtenus aux États-Unis. Enfin, en comparant les niveaux de ROA des années t – 1 et t, on constate également une dégradation des performances opérationnelles. Cela confirme l'idée selon laquelle les *hedge funds* activistes interviennent dans une entreprise cible à un moment où ses performances sont les plus dégradées et où des problèmes de gestion peuvent être invoqués par le *hedge fund*. Par ailleurs, si les entreprises cibles sous-performent leurs pairs au moment de l'intervention, elles réduisent graduellement leur sous-performance après l'intervention puis surperforment leurs pairs jusqu'à la fin de la période d'analyse.

Une autre étude empirique, Thibaud et Clément (2018), réalisée sur le marché européen confirme ces résultats. L'échantillon est composé de 23 sociétés cotées ayant fait l'objet d'interventions de *hedge funds* activistes entre le 1er janvier 2000 et le 31 décembre 2008.

Reprenant également la méthodologie de Bebchuk *et al.*, les auteurs n'observent pas de comportement correspondant à la vision court-termiste de l'activisme puisque, en moyenne, l'ensemble des indicateurs de performances s'améliorent au cours des 5 années suivant l'intervention. Les niveaux de performance de t + 1 à t + 5 sont en effet constamment supérieurs à ceux de l'année t du déclenchement de l'action des activistes. Les résultats de l'étude montrent également que l'augmentation des cours de bourse à court terme du fait de l'action des activistes n'est pas inversée à long terme : les entreprises continuent de surperformer le marché et délivrent des rentabilités anormales très élevées, ce qui contredit la thèse court-termiste des détracteurs des *hedge funds* activistes.

3. La sous-performance : un facteur de déclenchement de l'activisme

Les études empiriques que nous avons citées montrent que les entreprises cibles de l'activisme actionnarial affichent une dégradation de leurs performances dans les années qui précèdent l'intervention des activistes. Mais une autre dimension de la performance doit être prise en compte : la sous-performance par rapport aux pairs. À l'heure de la mondialisation des marchés financiers, les comparaisons entre firmes œuvrant dans les mêmes secteurs sont facilitées et constituent des justificatifs d'intervention. Même les entreprises considérées comme bien gérées peuvent ainsi se retrouver sous le feu d'un *hedge fund* activiste. C'est le cas de Nestlé que exposons ci-dessous[11].

Qui aurait pu croire qu'un *hedge fund* activiste s'attaquerait un jour à Nestlé, le géant suisse numéro un mondial de l'agroalimentaire ? C'est dans une lettre datée du 25 juin 2017 que le fonds Third Point immatriculé à Guernesey et coté à Londres annonçait qu'il détenait 40 millions d'actions et d'options de Nestlé pour un montant investi de 3,5 milliards de dollars, soit 1,4 % de la capitalisation boursière du géant de l'agroalimentaire (250 milliards de dollars). Nestlé n'était pas la première grande cible de Third Point. Auparavant en 2013, le fonds s'en était pris au groupe japonais Sony et à l'américain Yahoo !. Mais pourquoi s'en prendre à Nestlé, une compagnie vieille de 150 ans, comptant plus de 328 000 employés, réalisant 89,5 milliards de francs suisses de chiffre d'affaires (93 milliards de dollars) et dont la réputation de sérieux et de bonne gestion n'est plus à faire ? Une entreprise dont la solidité financière est exemplaire avec très peu de dettes dans son bilan ? Une entreprise qui a toujours affiché des bénéfices et versé régulièrement des dividendes en croissance à ses actionnaires.

---

11. Cet exemple est tiré de M. Albouy, *Chroniques de finance et de gouvernance d'entreprise*, p. 95-99.

Dans sa lettre aux investisseurs, Third Point estime que Nestlé a sous-performé par rapport à ses principaux concurrents en terme de rentabilité pour les actionnaires et ceci sur des horizons allant de 3, 5 et 10 ans. Le tableau 6.1. récapitule les rentabilités globales (*Total Shareholder Return* : TSR) pour les actionnaires des concurrents de Nestlé sur les périodes de 5 et 10 ans.

Tableau 6.1. *– Rentabilité sur longue période pour l'actionnaire (TSR)*

	Reckitt	ABI	Unilever	US Staples	L'Oréal	Nestlé	Danone
10 ans	291 %	246 %	215 %	168 %	165 %	**149 %**	61 %
5 ans	166 %	110 %	130 %	87 %	132 %	**72 %**	61 %

Note : le TSR prend en compte les dividendes versés et la plus-value de l'action.
Source : www.thirdpointpublic.com

Ces chiffres montrent que sur 5 ans et 10 ans Nestlé, mais également notre champion national Danone, sous-performent significativement par rapport à leurs concurrents en termes de rentabilité pour les actionnaires. Ces chiffres illustrent les conclusions de l'étude de Bebchuk *et al.* Naturellement, les dirigeants des entreprises stigmatisées contestent le bien-fondé de ces comparaisons. Il n'en demeure pas moins que sur les cinq dernières années, les TSR de Nestlé et de Danone sont respectivement de 72 % et de 61 %, alors qu'il est de 166 % pour le Britannique Reckitt. La raison de cette situation se trouve selon Third Point par une croissance et des marges insuffisantes, inférieures à celles de ses concurrents. Cette comparaison qui n'est pas non plus à l'avantage de Danone alimente les rumeurs sur l'intervention d'un fonds activiste visant Danone (en août 2017 le fonds Corvex a pris une participation). Cette menace a du reste obligé le PDG de Danone à annoncer sa volonté d'améliorer ses marges. Comme quoi, même dans le cas où l'intervention du fonds activiste n'est pas couronnée de succès, son impact sur la gestion de l'entreprise peut être réel.

D'autres cas emblématiques de grandes sociétés françaises pourrait être cités comme Nexans 2014, Casino en 2015, Safran en 2017, Vivendi en 2018. Ces cas[12] sont emblématiques des pratiques de ces investisseurs et de la réaction du management en place. Face aux menaces des actionnaires activistes qui pourraient « déstabiliser » les entreprises, la réglementation concernant ces opérations a été revue aux États-Unis et en Europe.

12. https://theconversation.com/menaces-des-fonds-activistes-les-cas-danone-et-vivendi-94864

Comme le mentionnent Ben Arfa et Labaronne (2016), après la faillite de Lehman Brothers, de nombreux *hedge funds* ont été accusés d'avoir aggravé la crise financière. De ce fait, une pression politique et médiatique a conduit à un renforcement de la réglementation. C'est ainsi que le 21 juillet 2010 fut promulgué le titre IV du Dood Franck Act aux États-Unis et en Europe à la proposition de la Directive européenne sur les gestionnaires de fonds alternatifs (AIFM) qui fut approuvée le 11 novembre 2010. L'idée est de permettre aux dirigeants d'entreprises de se protéger du risque d'activisme. La loi Florange de 2014 s'inscrit dans une optique voulant privilégier les actionnaires de long terme. La mesure phare de cette loi était d'accorder des droits de vote double pour les actionnaires détenant des titres depuis plus de deux ans. Malheureusement, les investisseurs étrangers de long terme tels que Fidelity, BlackRock ou le fonds souverain norvégien ont fui les entreprises forcées d'adopter les droits de vote double par la loi[13] et leur part relative dans le capital a chuté.

Si ces derniers partent, c'est parce qu'ils craignent de se faire exproprier par des actionnaires plus gros qui, grâce au vote double, obtiennent un surplus de pouvoir. Car les vrais gagnants de cette loi sont en fait les actionnaires de référence, essentiellement l'État qui est souvent présent au capital des grandes entreprises françaises ou des familles actionnaires. Grâce aux droits de vote double, ces derniers ont très souvent une majorité de droits de vote exprimés en assemblée générale ou *a minima* une minorité de blocage pour les décisions nécessitant une majorité des deux tiers.

Par ailleurs, croire que l'obligation de détenir des actions pendant deux ans dissuade les *hedge funds* activistes de s'inviter au capital des sociétés visées est une vision naïve. En effet, ces investisseurs ne sont pas toujours pressés et le doublement de leurs droits de vote constitue au contraire un levier supplémentaire pour augmenter leur pouvoir de négociation. À terme, le dispositif de la loi Florange est loin de répondre aux objectifs visés par le législateur puisqu'il rebute les investisseurs de long terme et permet au contraire d'augmenter le pouvoir de négociation des actionnaires activistes.

Ceci étant, la question de l'activisme actionnarial renvoie *in fine* à la structure de propriété des entreprises. Dès lors que le capital des entreprises est largement dispersé, comme aux États-Unis, il est plus facile pour les activistes de se faire entendre. Par contre, avec des

---

13. https://www.lesechos.fr/finance-marches/marches-financiers/loi-florange-les-droits-de-vote-double-decouragent-les-grands-fonds-etrangers-963563

structures de capital plus concentrées comme en France avec un actionnariat familial ou regroupé autour de blocs de contrôle, leurs actions sont plus difficiles à mener.

Conclusion

Comme l'écrit Olivier Babeau (2020), « *les activistes constituent un choc de transparence, en pointant, de façon claire et sans craindre de s'opposer au management, les éventuelles fragilités des entreprises* ». Ce faisant les activistes contribuent à renforcer la démocratie actionnariale.

Les études empiriques et les cas que nous avons rapportés expliquent bien l'impact positif à moyen et long terme de l'activité des *hedge funds* activistes sur la performance des entreprises. De ce point de vue, l'activisme vient combler une lacune dans la performance mais également parfois dans la gouvernance des entreprises[14]. À noter que les dirigeants ne sont pas démunis face aux activistes grâce à leur maîtrise du processus de collecte des pouvoirs (*proxy fights*). À cet égard, l'étude de Gillan et Bethel (2000) montre qu'à travers ce processus les dirigeants sont en mesure de limiter l'impact des actionnaires activistes sur la gouvernance et la stratégie de l'entreprise. Ce pouvoir des dirigeants enracinés et qui est exercé à l'encontre des actionnaires activistes peut s'analyser comme la manifestation d'un excès de latitude managériale pour protéger leur position. Ceci étant, la meilleure défense des dirigeants face à l'activisme actionnarial se trouve davantage dans leur engagement auprès de leurs actionnaires plutôt que par une réglementation visant à encadrer toujours plus leurs interventions, voire à les interdire. Et ce d'autant plus que l'internationalisation du capital des grandes entreprises françaises attire un actionnariat, notamment américain, qui est de plus en plus familier avec les stratégies des *hedge funds* activistes. La meilleure réponse à un activisme injustifié, et éventuellement prédateur, se trouve dans une bonne gouvernance respectueuse des intérêts des actionnaires et leur fidélisation[15].

---

14. Voir notamment le cas Vivendi-Telecom Italia, dans M. Albouy (2019), p. 100-103.
15. C'est également la position de deux ingénieurs du corps des Mines, F. Thibaud et J. Clément (2018) qui nous invitent à surpasser les craintes françaises pour en faire une force.

Chapitre 7

La rémunération des dirigeants et les stock-options

La rémunération des dirigeants des sociétés cotées représente un élément fondamental du système de gouvernance de ces entreprises. En effet, au-delà du montant de ces rémunérations, les modes de ces rémunérations (fixes, variables, et/ou liés à la performance boursière) constituent des incitations pour ces dirigeants qui naturellement influent sur leur comportement et leurs décisions de gestion. C'est ainsi qu'une rémunération fixe indépendante des résultats à court terme des performances de l'entreprise n'aura pas le même impact sur le comportement de dirigeants essentiellement rémunérés par une part variable indexée sur des résultats à court terme et/ou une performance boursière *via* l'exercice de stock-options. C'est dire si la question de la rémunération des dirigeants est capitale pour comprendre et améliorer la gouvernance des entreprises. Le sujet n'est pas neutre et ne se situe pas uniquement sur une problématique d'éthique, voire de morale, comme souvent les médias en rendent compte. Il en va de la façon dont sont gouvernées nos grandes entreprises cotées. Le choix des indicateurs (exclusivement financiers et/ou liés à la performance sociale) sur lesquels sont articulées les rémunérations des dirigeants est représentatif du système de valeur induit par les administrateurs des sociétés. La transparence des rémunérations est également une question d'importance autant pour les investisseurs que pour les salariés. En France, grâce à la loi sur les nouvelles régulations économiques (NRE, 2001) des progrès notables ont été réalisés en matière de transparence sur les rémunérations des dirigeants puisque les sociétés ont l'obligation de rendre compte de la rémunération totale et des avantages de toute nature versés à chaque mandataire social.

La rémunération des dirigeants des grandes entreprises soulève de nombreuses questions et constitue pour certains observateurs une dérive du système capitaliste. Quel système d'incitation pour mieux gérer l'entreprise à long terme ? Mais pour qui mieux gérer : les actionnaires et/ou les autres parties prenantes ? Comment justifier des rémunérations aussi élevées si les performances de l'entreprise s'expliquent davantage par des facteurs externes au management que par son action ? *Quid* de la dimension sociétale, voire éthique, du niveau de rémunération jugé excessif des dirigeants des grandes sociétés ? L'État doit-il intervenir et réglementer ? En France, les affaires liées aux rémunérations « excessives » des dirigeants ont fait l'objet de fortes couvertures médiatiques. Citons notamment le cas des dirigeants des entreprises suivantes qui ont défrayé la chronique : Elf (1999), Vivendi (2002), Vinci (2002), EADS (2006), Alcatel (2008), Renault (2016), etc. Dans le cas de Renault, Carlos Ghosn, qui a gagné plus de 16 millions d'euros en 2015/2016 en tant que PDG de Nissan et PDG de Renault, a exercé des options d'achat d'actions (ou stock-options) attribuées au titre de sa rémunération variable, qui pourraient lui permettre d'empocher plus de six millions d'euros de plus-value[1]. Naturellement de telles rémunérations choquent la plupart des observateurs et des dirigeants politiques.

Au-delà des montants en jeu, c'est également les modalités des « packages » de rémunération qui sont contestées comme les retraites chapeau, les « golden parachutes » et les stock-options.

Pour Warren Buffett, le système de rémunération des dirigeants constitue le véritable test pour juger de la volonté de réforme de la gouvernance des sociétés cotées : « *In judging whether Corporate America is serious about reforming itself, CEO pay remains the acid test. To date the results aren't encouraging* »[2].

Ce chapitre est structuré de la façon suivante : dans une première partie nous présentons quelques données issues de différentes enquêtes sur les montants des rémunérations des dirigeants puis nous nous interrogeons sur le lien entre rémunération et performance à la lumière de divers travaux empiriques et enfin dans une troisième partie nous abordons la question du mode de paiement des dirigeants sur leur comportement, notamment l'octroi de stock-options.

---

1. https://www.lefigaro.fr/societes/2016/12/28/20005-20161228ARTFIG00135-les-stock-options-de-carlos-ghosn-suscitent-de-vives-critiques.php
2. Warren Buffett, *Letter to Shareholders of Berkshire Hathaway Inc.*, février 2004.

1. Les rémunérations des dirigeants des entreprises cotées

Le concept de rémunération des dirigeants recouvre une diversité de types de rémunérations : fixe, variable, attribution d'actions et/ou d'options, indemnités, retraite chapeau. Ensemble elles forment le « package » qui est négocié entre les dirigeants et chaque société. Ces différents modes de rémunération s'efforcent de répondre à des objectifs spécifiques : rétribution de la fonction, intéressement à la performance à court et/ou moyen terme, création de valeur actionnariale. Partant des définitions de l'AMF, les études de l'association technique ATH[3] retiennent trois agrégats de la rémunération des dirigeants :

- la rémunération totale qui comprend les cinq rémunérations rattachées à l'exercice : fixe, variable, exceptionnelle, avantages en nature, jetons de présence ;
- la rémunération globale qui ajoute à la rémunération totale les rémunérations de la performance à moyen terme : attribution d'actions et d'options ;
- les rémunérations différées qui comprennent les retraites supplémentaires, les indemnités de départ et de non-concurrence.

1.1. Le scandale des rémunérations des dirigeants des grandes entreprises

Comme les dividendes et les rachats d'actions, les rémunérations des grands patrons suscitent souvent des réactions indignées et constituent une dérive du système capitaliste. En 2023, un rapport de l'association Oxfam a souligné qu'entre 2011 et 2021, les PDG des grandes entreprises françaises ont augmenté leur rémunération de 66 % en moyenne, alors que celle des salariés a grimpé de 21 % seulement. Même tendance haussière aux États-Unis : les 100 principaux dirigeants américains ont vu leur rémunération progresser de 1 460 % entre 1978 et 2021 pour s'établir à environ 20 millions d'euros par personne en moyenne. L'encadré 7.1 reproduit les conclusions de l'ONG Oxfam France sur les rémunérations des grands patrons.

3. Observatoire ATH de l'information financière, *Zoom sur les rémunérations de 400 dirigeants de sociétés cotées*, 2009 et 2012.

Encadré 7.1

Le scandale de la rémunération des PDG selon Oxfam

Tandis que les travailleur.euse.s français.e.s ont perdu en pouvoir d'achat, certain.e.s salarié.e.s s'en sortent mieux que d'autres. Cette étude montre qu'entre 2011 et 2021 l'écart de rémunération entre le salaire moyen des dirigeant.e.s et celui de leurs salarié.e.s est passé de 64 à 97. En cause, l'augmentation des rémunérations des dirigeant.e.s des 100 plus grandes entreprises en France, qui ont confirmé cette tendance puisque les entreprises ont attribué des rémunérations record en 2022. Ce rapport révèle que, sur une période de dix ans, les PDG des 100 plus grandes entreprises ont augmenté leur rémunération de 66 %, leurs salarié.e.s de 21 %, tandis que le SMIC n'a augmenté que de 14 %. Pour le CAC 40, les PDG ont augmenté leur rémunération de 90 %, leurs salarié.e.s uniquement de 23 %. Le dirigeant le mieux payé, Carlos Tavares de l'entreprise Stellantis, a même atteint le montant astronomique de 66 millions d'euros, soit l'équivalent de plus de 3 420 SMIC.

Source : rapport Oxfam France sur les inégalités salariales, avril 2023, https://www.oxfamfrance.org/app/uploads/2023/04/Rapport-OxfamFrance-InegalitesSalariales-Top100.pdf

En France, un nom a retenu en particulier l'attention des commentateurs : celui de Carlos Tavares, le directeur général du groupe automobile Stellantis, qui a touché 23,5 millions d'euros de rémunération totale en 2024, dont une part fixe de 14,9 millions d'euros. Peut-on considérer qu'une telle rémunération est méritée ? Oui, si l'on se rappelle qu'en 2010-2011 Peugeot SA était proche du dépôt de bilan et qu'il avait fallu recapitaliser l'entreprise. Depuis, avec le rachat du constructeur allemand Opel et une union avec le Groupe Fiat Chrysler Automobiles, Peugeot SA est devenu une nouvelle entité baptisée Stellantis et qui compte plus de 400 000 employés. Cette réussite est bien le fruit de la stratégie de Carlos Tavares. Alors, face à une telle réussite doit-on contester sa rémunération ?

Devant de tels chiffres, le président de la République Emmanuel Macron s'est dit « choqué », mais il a ajouté : « *Vous ne pouvez pas vous substituer aux actionnaires, ce n'est pas l'État qui peut limiter la rémunération des dirigeants* ».

Si des projets de loi visant à encadrer l'écart des rémunérations au sein des entreprises existent en effet, ils achoppent sur des techniques de contournement faciles à mettre en place : il suffit pour les entreprises de délocaliser leur siège dans un pays qui n'impose pas de limites de salaires, ou encore plus simplement de couper l'entreprise en deux (le siège devenant une société spécifique, le reste une autre). Le cas de Carlos Tavares apparaît d'autant plus polémique que, sous le mandat du président François Hollande, une loi a été adoptée pour que la rémunération patronale soit soumise à l'approbation des actionnaires. De fait, en avril 2023, les actionnaires de Stellantis ont bien validé la rémunération de Carlos Tavares à près de 80 %, mais ce vote a eu lieu au siège, situé aux Pays-Bas.

1.2. Mais les rémunérations des dirigeants sont loin d'être toutes aussi élevées

Malgré la médiatisation de la rémunération des grands patrons, il ne faudrait pas croire que tous les dirigeants des sociétés cotées gagnent de tels montants. Le tableau 7.1 récapitule les montants (en K€) des rémunérations totales et globales des dirigeants perçues en 2011[4] selon le compartiment auquel appartient leur société. Rappelons que dans le compartiment A se trouvent les sociétés dont la capitalisation boursière est supérieure à 1 milliard d'euros ; le compartiment B concerne les sociétés dont la capitalisation est comprise entre 150 millions d'euros et 1 milliard ; enfin le compartiment C est composé des capitalisations boursières inférieures à 150 millions d'euros.

Tableau 7.1. – *Rémunérations moyennes des dirigeants en 2011*

Compartiment (nbr dirigeants)	Totale (K€)	Globale (K€)	Écart en %
A (133)	800	1 210	+ 51 %
B (147)	403	454	+ 13 %
C (113)	238	248	+ 4 %

Note : échantillon de 151 sociétés Eurolist hors CAC 40 et banques comprenant 393 dirigeants.
Source : Étude ATH, 2012.

Il est intéressant de noter que les rémunérations (totales et globales) sont fortement liées à la taille de l'entreprise. L'écart entre le compartiment C et le A est de l'ordre de 1 à 5. À noter que ces rémunérations moyennes, notamment pour les compartiments B et C, sont très loin de celles du CAC 40. Ces chiffres permettent de montrer que ce sont bien

4. *Source* : Étude ATH. Cette étude, datant de 2012, montre que la rémunération des dirigeants de sociétés cotées dépend de la capitalisation des firmes.

les dirigeants des grandes sociétés (capitalisations supérieures à 1 milliard d'euros et CAC 40) qui sont concernés par la médiatisation du thème des rémunérations et de leur légitimité sociale. À l'intérieur du CAC 40 on observe aussi de fortes disparités selon la taille mesurée par la capitalisation boursière. L'étude montre également que la rémunération est corrélée au chiffre d'affaires de la société.

Visiblement, la taille (capitalisation boursière ou chiffre d'affaires) est un facteur déterminant dans le montant des rémunérations des dirigeants. Cela peut s'expliquer par la complexité managériale et les enjeux économiques qui augmentent avec la taille de la société. Cela s'explique peut-être aussi avec l'existence d'un marché mondial des dirigeants de grandes sociétés.

Le tableau 7.2 montre les fortes amplitudes des rémunérations totales versées aux dirigeants du CAC 40 (membres de directoires et DG délégués du CAC) en fonction des quartiles. La plus basse rémunération est de 631 K€ alors que la plus élevée est de 6 938 K€, soit un écart de 1 à 10. Même dans le dernier quartile l'amplitude demeure forte puisqu'elle va de 1,7 M€ à 6,9 M€, soit un rapport de 1 à 4. C'est clairement dans ce dernier quartile que l'on trouve les rémunérations que certains observateurs jugent « excessives ». On note à nouveau que la rémunération est fortement corrélée à la taille (chiffre d'affaires ou capitalisation boursière).

Tableau 7.2. *– Rémunérations totales des dirigeants du CAC 40 en 2011*

Quartile	Rémunération totale
1	631 K€ - 1 010 K€
2	1 010 K€ - 1 266 K€
3	1 266 K€ - 1 766 K€
4	1 766 K€ - 6 938 K€

Source : Étude ATH, 2012.

2. Rémunération et performance des entreprises

Les données précédentes montrent clairement l'impact de la taille sur le niveau des rémunérations des dirigeants d'entreprises. En fait, cette relation est tellement forte que le lien entre la performance de l'entreprise et le niveau de rémunération de ses dirigeants est largement atténué malgré les éléments de rémunération variables. En fait, la plupart des recherches empiriques qui se sont penchées sur cette question arrivent à des conclusions très mitigées. Comme le soulignent B. Sire et M. Tremblay (1996), il semble qu'il n'y ait pas de lien étroit entre la performance de l'entreprise et la rémunération de ses dirigeants. Selon M. Albouy (2004), on observe une absence de relation entre le montant des rémunérations et la performance boursière à court et à long terme (5 ans). Et pour M. Jensen et K. Murphy (1990) la rémunération des dirigeants aurait un caractère peu incitatif sur la performance financière des entreprises.

L'hypothèse de base qui milite pour des rémunérations attractives consiste à dire qu'en rémunérant largement leurs dirigeants les actionnaires seraient assurés, grâce au mécanisme incitatif des éléments de cette rémunération, d'une gestion créatrice de valeur actionnariale. Le lien entre rémunération et performances financières est alors implicite. Du reste, les éléments de rémunération indexés sur la valeur actionnariale comme la distribution d'actions gratuites ou de stocks options sont bien représentatifs de cette volonté de la part des actionnaires de lier la valorisation de leur capital à la rémunération de leurs dirigeants. *Via* de tels mécanismes il s'agit de réduire les coûts d'agence en alignant les intérêts des dirigeants sur ceux des actionnaires comme la théorie de l'agence l'enseigne (Jensen et Meckling, 1976).

Ces résultats tendent à montrer que la rémunération des dirigeants des grandes entreprises françaises est déconnectée de leur performance financière. Par contre, selon une autre étude (Albouy, 2001), il existerait une relation positive et statistiquement significative entre l'implication financière des dirigeants dans le capital de leurs sociétés et leurs performances boursières. En d'autres termes, la fraction du capital détenu par le dirigeant serait un signal significatif de son engagement à gérer dans l'intérêt des actionnaires alors que le niveau de sa rémunération n'aurait pas d'impact. Ce résultat confirme le fait que la rémunération des dirigeants aurait un caractère peu incitatif sur la performance financière des entreprises. Cette dernière ne serait qu'une variable explicative mineure du niveau de rémunération des dirigeants comme le précise justement G. Charreaux (1994).

3. Comment et pourquoi rémunérer les dirigeants ?

Pour justifier les montants des rémunérations des dirigeants des grandes entreprises, il est souvent fait appel dans un contexte de compétition internationale au besoin de retenir et d'attirer des dirigeants de classe mondiale. Bref, comme sur le mercato du football, il faut s'aligner sur le prix mondial.

Mais la question du comment rémunérer les dirigeants va au-delà de celle du montant global. En effet, rémunérer le dirigeant en salaire (fixe et/ou variable) ou en stock-options, voire en actions, n'est pas la même chose et a vraisemblablement un impact sur sa façon de gérer des dirigeants. Et puis, une autre question se pose : pourquoi rémunérer de façon si importante les dirigeants si les performances de leurs entreprises dépendent principalement de facteurs externes à leur management ? Contrairement aux joueurs de foot dont la performance ne dépend que d'eux, celle des dirigeants d'entreprise dépend de nombreux facteurs exogènes à leur action.

3.1. Les dirigeants sont-ils incités à créer de la valeur ?

Toute rémunération, comme toute récompense, a un effet d'incitation sur celui qui la reçoit. Ainsi, au-delà du montant les modes de rémunérations sont peut-être plus importants pour orienter l'action des dirigeants. Dans un article célèbre M. Jensen et K. Murphy (1990) estiment que la vraie question en matière de rémunération n'est pas le montant mais bien plutôt la façon de payer : « *It's not how much you pay, but how* ». Dans cet article, les auteurs observent que les rémunérations des dirigeants sont globalement indépendantes de la performance de leur entreprise et que même les variations de rémunérations ne reflètent pas les changements de performance. Ils notent qu'au fil du temps, et sur longue période, la participation des CEO au capital des entreprises décline et qu'ils ont de ce fait un moindre intérêt à maximiser la valeur actionnariale. On retrouve ici la préoccupation majeure de Jensen qui est d'articuler les intérêts des dirigeants sur ceux des actionnaires afin de réduire les coûts d'agence et de faire en sorte que les dirigeants (*i.e.* les agents des actionnaires) maximisent la valeur de l'entreprise. L'étude de Jensen et Murphy porte sur les rémunérations totales de 2 505 CEO appartenant à 1 400 sociétés cotées américaines de 1974 à 1988. Ils ont également collecté des données sur les stock-options et les actions détenues par les dirigeants des 430 plus grandes entreprises américaines cotées en 1988. Dans un but d'analyse comparative avec le passé ils ont également travaillé sur les rémunérations des dirigeants de 700 sociétés cotées sur la période 1934-1938.

Prenant le contre-pied des médias, Jensen et Murphy estiment qu'en moyenne les rémunérations des dirigeants ne sont pas si extraordinaires et n'ont pas vraiment augmenté à long terme. Ainsi, ils observent que le revenu moyen des CEO (salaires et bonus) des grandes entreprises du New York Exchange sur la période 1934-1938 était de 882 000 dollars (valeur 1988) alors qu'en 1988 il était de 843 000 dollars. Cette observation, portant sur des moyennes de rémunérations sur un large échantillon, n'est cependant pas en opposition avec le sentiment d'excès sur les rémunérations les plus élevées pratiquées par les très grandes entreprises cotées.

La question fondamentale que posent Jensen et Murphy consiste à se demander si les dirigeants sont bien incités à créer de la valeur pour leurs actionnaires. Ainsi, le principal résultat de leur étude se trouve dans l'impact d'un changement de richesse pour les actionnaires sur celle des dirigeants. Selon leur étude, qui porte ici sur les 250 plus grandes capitalisations de la Bourse de New York, une augmentation de richesse de 1 000 dollars (mesurée par la plus-value et les dividendes) pour les actionnaires se traduit par une variation de 2,59 dollars dans la fortune du dirigeant médian. Ils en déduisent que cela ne constitue pas une forte incitation pour les dirigeants à créer de la valeur actionnariale. Mais c'est également une faible incitation à ne pas détruire de la valeur. Prenant le cas du dirigeant qui fait perdre 10 millions de dollars à ses actionnaires du fait d'investissements à valeur actuelle négative comme l'achat d'avion pour le management ou autre dépense inutile, ils font observer que ce CEO ne perdra que 25 900 dollars, un montant faible par rapport à sa rémunération totale. En d'autres termes ils estiment que l'incitation à bien gérer est faible.

Au terme de leur étude, les recommandations de Jensen et Murphy sont claires. Pour bien gérer leurs entreprises, il faut que les dirigeants possèdent un montant significatif du capital de leurs entreprises. De ce point de vue rémunérer les dirigeants en actions ou avec des stock-options est un meilleur moyen d'incitation que leur verser des salaires fixes. Il faut aussi que la menace de licenciement des CEO soit réelle. Dans cette perspective il faut lutter contre leur enracinement. Mais cette approche suppose néanmoins que les dirigeants ont un véritable impact sur la performance de leurs sociétés. Et si cela était contestable ?

3.2. Des rémunérations indépendantes de l'action des dirigeants ?

Dans leur ouvrage intitulé de façon provocante *Pay Without Performance* et dans plusieurs articles, L. Bebchuk et J. Fried (2005) posent la question de l'impact des dirigeants sur la performance de leurs entreprises et la légitimité de ces rémunérations qui ont, selon eux, explosé aux États-Unis ces dernières années. Pour commencer, ils notent que les rémunérations versées aux cinq dirigeants les mieux payés de toutes les entreprises cotées représentaient 5,2 % des résultats nets de ces sociétés pendant la période 1993-1997 et 8,1 % sur la période 1999-2003. Sur la période globale (1993-2003), ce ratio ressort à 6,6 %. Un chiffre qui, selon eux, montre l'importance de ces rémunérations (hors stock-options et actions gratuites) qui sont donc loin d'être neutres sur les bénéfices et constituent un manque à gagner pour les actionnaires. Si encore ces montants élevés étaient justifiés par l'action des dirigeants, cela pourrait encore se justifier, mais cela ne semble pas être le cas. Pour Bebchuk et Fried la performance des entreprises est en grande partie dépendante de facteurs exogènes au management comme les fluctuations macro-économiques. Ainsi, les performances des entreprises étant principalement dues aux mouvements du marché et non à l'action de leurs dirigeants ces derniers seraient rémunérés par la chance.

4. Les stock-options

Parmi les instruments de rémunération des dirigeants, les stock-options occupent une place à part et sont à l'origine de nombreuses polémiques.

Concrètement les stock-options permettent à des dirigeants et à des salariés d'une entreprise d'acheter sous certaines conditions des actions de celle-ci à une date et un prix fixé à l'avance. L'idée est d'associer directement les bénéficiaires d'options à la création de valeur actionnariale. À l'origine, les *stock-options* ont été utilisées par les start-up (par exemple Google) comme moyen de rémunération de leurs employés. N'ayant pas beaucoup de moyens financiers ces jeunes pousses rémunéraient leurs salariés sous forme de stock-options, voire d'actions gratuites. Mais progressivement ce système de rémunération s'est étendu aux grandes entreprises cotées.

En formalisant les problèmes liés à la séparation des fonctions de propriété et de direction dans les grandes firmes managériales, la théorie financière a justifié la nécessité de mieux articuler les intérêts des dirigeants avec ceux des actionnaires. En effet, la séparation des fonctions de direction et de propriété donne naissance à des conflits d'intérêt entre les actionnaires et les dirigeants et à l'apparition d'une relation et de coûts d'agence (Jensen et Meckling, 1976). Ainsi, selon cette théorie, les dirigeants sont susceptibles de privilégier leur propre intérêt et d'adopter des comportements nuisibles aux intérêts des actionnaires. Les incitations financières font partie des mécanismes de résolution des conflits d'agence. Parmi elles, les rémunérations liées à la performance boursière apparaissent comme supérieures aux rémunérations fixes indépendantes de la performance de l'entreprise ou du dirigeant et à celles liées à la performance comptable de l'entreprise (Charreaux, 1997). En effet, les stock-options ne profitent à leurs bénéficiaires que si le cours du titre visé dépasse son prix d'exercice. Naturellement plus celui-ci est bas et plus la chance d'exercer avec profit l'option est grande.

Mais cela c'est la théorie et la pratique raconta une autre histoire beaucoup plus sombre. C'était sans compter sur le comportement délictueux de certains dirigeants (comme Enron et bien d'autres) qui ont profité du système des stock-options pour manipuler les cours de bourse et s'attribuer des stock-options à postériori (ou antidatées). Avec ce système du *backdating*, il était facile d'être gagnant à tous les coups. Ces excès ont contribué à l'image désastreuse des stock-options auprès du grand public et à la perte d'attractivité de ce système au profit de la distribution d'actions gratuites. En fait, les actions gratuites sont des stock-options dont le prix d'exercice est nul.

Mais qui paye ces stock-options et ces actions gratuites ? Contrairement à ce que l'on pourrait penser ce n'est ni l'entreprise ni encore moins ses salariés qui les payent. Ce sont les actionnaires eux-mêmes, même s'ils ne déboursent rien. Un exemple simple nous permet de comprendre ce mécanisme. Supposons qu'il y ait 100 millions d'actions dans une société, chaque action valant 50 euros. La capitalisation boursière de l'entreprise est donc de 5 milliards d'euros (= 50 x 100). Supposons que les dirigeants reçoivent 5 millions d'actions émises à l'occasion d'un plan de rémunération d'actions gratuites. Bien évidemment, la valeur de la firme ne va pas changer mais la valeur de chaque action va s'ajuster en conséquence à 47,62 euros (= 5 000 / 105). En d'autres termes, ce sont les actionnaires qui vont rémunérer les dirigeants de 50 millions d'euros, pas directement de leur poche, mais par le biais de la baisse de valeur de leurs actions.

Si les dirigeants doivent payer leurs actions (5 millions) à un prix d'exercice avantageux, disons 20 euros, le mécanisme est le même. La valeur de l'entreprise va augmenter de 100 millions d'euros versés par les bénéficiaires, soit 5,1 milliards d'euros et le cours de l'action va chuter à 48,57 euros (= 5 100 / 105). Les actionnaires ont donc perdu 142,86 millions d'euros, soit le montant gagné par des dirigeants (= (48,57 – 20) x 5). Au total, il ne s'agit que d'un transfert de richesse entre les actionnaires et leurs dirigeants. Pour Joseph Stiglitz (2009), prix Nobel d'économie et procureur du libéralisme sans limite, les stock-options ont permis aux dirigeants de grandes sociétés de dépouiller leurs actionnaires. Pour lui, les stock-options sont un vol patronal : « *les hauts dirigeants volent leurs actionnaires en abusant de leur naïveté. Les victimes ne pouvaient pas être consentantes puisque, pour la plupart, elles ne comprenaient même pas qu'on leur avait pris quelque chose. Les actionnaires étaient censés, bien sûr, être les bénéficiaires de cette pratique puisque grâce aux stock-options les directeurs et actionnaires auraient les même intérêts* ».

Pour certains économistes français relevant de l'école de la régulation comme Michel Aglietta, les stock-options sont également condamnables car elles ont contribué au gonflement de la bulle boursière et ont été une des causes des scandales financiers (Enron et WorldCom aux États-Unis, Vivendi en France). Que les stock-options aient alimenté les dérives du système financier, cela ne fait aucun doute. Nombreux ont été les dirigeants des grandes entreprises cotées, notamment américaines, à profiter du système qui au lieu d'être vertueux s'est transformé en outil de fraude. Cependant, l'idée reste bonne selon nous, à condition qu'elle soit mieux encadrée.

La critique des stock-options s'est également concentrée sur le fait que les cours de bourse sont influencés par d'autres facteurs que la seule action des dirigeants comme l'évolution économique et les taux d'intérêts entre autres. On retrouve ici l'idée de dirigeants rémunérés par la chance. Enfin, pour aligner les intérêts à long terme des actionnaires avec ceux des dirigeants il conviendrait d'allonger la date d'exercice des options et de faire toute la transparence possible sur cette forme de rémunération.

Conclusion

Au terme de ce chapitre plusieurs conclusions doivent être retenues concernant les rémunérations des dirigeants des grandes entreprises cotées. Tout d'abord, il est clair que le niveau de ces rémunérations est fondamentalement lié à la taille de l'entreprise : plus celle-ci est grande et plus les montants sont élevés. Cette première conclusion, qui pourra sembler évidente à la plupart des spécialistes, interpelle néanmoins le chercheur. En effet, si la rémunération doit récompenser l'effort fourni pour conduire une entreprise vers le succès économique on peut se demander si piloter une grande entreprise avec de nombreux conseillers est vraiment plus difficile et plus prenant que diriger une grosse PME. On connait nombre de patrons de PME qui font réussir leur entreprise et qui pourtant gagnent beaucoup moins que des dirigeants de grandes entreprises déclinantes. En d'autres termes, pourquoi rémunérer davantage des dirigeants tout simplement parce que l'entreprise est plus grosse ? Le deuxième enseignement est que les systèmes de rémunérations des dirigeants sont, même dans une optique purement actionnariale, peu performants et ont donné lieu à des abus. En effet, ils sont peu incitatifs pour créer de la valeur pour les actionnaires et dans une grande mesure ils sont focalisés sur le court terme. C'est notamment le cas avec les bonus et les stock-options qui permettent à certains dirigeants de profiter des mouvements du marché à court terme, voire d'informations privilégiées, voire encore de les inciter à manipuler leurs comptes. Enfin, le troisième point à retenir c'est qu'une grande partie de la performance – notamment à court terme – des grandes entreprises est due à des effets externes à leur management et que les conditions macro-économiques jouent un rôle essentiel dans leurs résultats. Certes, on connait tous des patrons qui par leur vision à long terme sont arrivés à conduire leur entreprise sur la voie de la réussite. C'est du reste comme cela que se sont construites sur la durée les plus belles entreprises françaises du CAC 40. Néanmoins, avec la rotation de plus en plus rapide des dirigeants et la pression des résultats à court terme, ces réussites sur le long terme deviennent plus rares et l'articulation entre performance à long terme et rémunération plus problématique. À cet égard, il serait intéressant d'approfondir l'étude des systèmes de rémunérations des dirigeants ayant conduit leur entreprise à devenir des leaders sur leurs marchés.

Chapitre 8

Les OPA et les fusions-acquisitions : les barbares sont-ils à nos portes ?

Parmi les pratiques de la finance jugées néfastes pour les entreprises et dangereuses pour la souveraineté nationale se trouvent bien évidemment les offres publiques d'achat (OPA) et les fusions-acquisitions. Bien que relativement peu fréquentes en France, contrairement aux États-Unis, ces opérations font généralement la une des journaux et des prises de parole des dirigeants politiques, surtout quand il s'agit de la prise de contrôle d'une entreprise française par une société étrangère. Dans ce cas les sirènes d'alerte du patriotisme économique se font entendre pour défendre le patrimoine industriel de la nation qui serait en danger. Dans un monde globalisé la croissance interne ne peut suffire : il faut faire des alliances et/ou créer des groupes intégrés plus puissants. Un des moyens qu'offre le marché financier est justement de pouvoir créer de tels ensembles à travers les opérations de fusions-acquisitions. Comme le montre M. Jensen (1988), le marché du contrôle des sociétés est bénéfique au fonctionnement d'une économie de marché car il facilite les nécessaires restructurations dues à l'évolution des marchés et de la concurrence.

À l'occasion de l'OPA de Mittal sur Arcelor en 2006, un débat entre deux anciens ministres de l'Économie, Arnaud Montebourg et Alain Madelin[1], éclaire bien la fracture de la pensée économique française sur les OPA et le rôle des marchés financiers.

A. Montebourg : « *Il est absurde et même criminel de considérer que l'alpha et l'oméga de la politique, c'est le respect du marché et des actionnaires, car leur seule raison d'agir est le profit financier. L'intérêt*

1. *Les Échos*, « OPA hostile : que peut le politique ? », https://www.lesechos.fr/2006/02/opa-hostiles-que-peut-le-politique-561528

industriel d'un pays, d'un continent comme l'Europe ne peut être porté que par un ou des gouvernements qui, dans un cadre démocratique, décident d'investir ou de protéger. Toutes les grandes puissances industrielles, comme le Japon, les pays du Sud-Est asiatique ou les États-Unis, ont des positions interventionnistes, particulièrement sur les matières premières et sur l'énergie, qui sont l'objet aujourd'hui de guerres géopolitiques. C'est pourquoi je condamne de la façon la plus vive l'OPA de Mittal sur Arcelor et je demande que le gouvernement français et la Commission européenne entrent dans une confrontation politique avec Mittal de façon à bloquer cette opération destructrice. Cette OPA me choque parce que les contribuables français ont englouti des milliards d'euros pour sauver la sidérurgie française. Son redressement a été le fruit d'un effort national. Nous risquons de perdre notre acier, qui est un secteur stratégique, comme nous avons perdu notre aluminium après l'OPA d'Alcan sur Pechiney, qui, à l'époque, n'a suscité aucun émoi ni intérêt au gouvernement ».

A. Madelin : « *Les entreprises sont de plus en plus des entreprises globales. Sur ce marché global, les consommateurs et les actionnaires tiennent les premiers rôles. Je n'ai pas du tout envie de voir le contribuable français entrer de nouveau dans la partie et payer la facture du dirigisme, au motif qu'il faudrait définir une politique industrielle, qui serait cette fois-ci non plus française mais européenne. Dans l'OPA de Mittal sur Arcelor, il faut laisser les marchés financiers jouer leur rôle et apprécier ce que vaut l'offre d'échange. Le politique n'a ni la mission ni les moyens de s'immiscer dans cette affaire. Ne rêvez pas de je ne sais trop quelle politique industrielle européenne qui viendrait dire aux entreprises ce qu'elles doivent faire* ».

Le 26 juillet 2006, le marché a tranché et le numéro un mondial de l'acier, Mittal Steel, a annoncé, qu'il contrôlait désormais 91,88 % du capital du groupe européen Arcelor dans le cadre de son offre publique d'achat. L'opération donnait naissance à un nouveau géant sidérurgique mondial, Arcelor Mittal, qui produira 116 millions de tonnes d'acier par an, soit trois fois plus que n'importe lequel de ses concurrents actuels, pour un chiffre d'affaires de 60 milliards d'euros et avec des effectifs de 320 000 salariés. Lakshmi Mittal, patron du groupe du même nom, a estimé dans un communiqué que « *ce solide vote de confiance des actionnaires ouvrait la voie à un processus d'intégration accéléré des deux entreprises* ».

Cette OPA qui rappelait celle d'Alcan sur Péchiney, un autre fleuron industriel français, était d'autant plus médiatisée que l'initiateur de l'offre était une entreprise contrôlée à 80 % par des capitaux indiens, bien que de droit luxembourgeois comme Arcelor. Les Français découvraient avec stupeur que des chefs d'entreprise de pays émergents pouvaient prendre le contrôle de leurs fleurons industriels.

Mais l'OPA qui marqua le plus les observateurs internationaux par son ampleur fut certainement celle du fonds d'investissement américain KKR (Kohlberg, Kravis, Roberts & Co Ltd) sur le conglomérat RJR Nabisco à la fin des années 1980 pour un montant de plus d'une trentaine de milliards de dollars de l'époque. Ce célèbre épisode boursier de Wall Street donna lieu du reste à un livre à succès intitulé *Barbarians at the Gate : The fall of RJR Nabisco* et une adaptation cinématographique *Les requins de la finance*. Comme on peut le constater le monde de la finance fascine toujours et alimente souvent ses propres mythes comme nous l'avons vu dans le chapitre sur les actionnaires activistes.

Ce chapitre est organisé de la façon suivante. Dans une première section, et pour montrer que toutes les OPA ne se ressemblent pas, nous exposons le cas de deux OPA dont les résultats ont été très différents. Il s'agit de l'OPA de Schneider sur la Télémécanique et de l'OPA d'Alcatel sur Lucent. Fort de ce constat nous essayons de répondre à la question de savoir si les OPA sont des opérations créatrices de valeur – et pour qui ? – à l'aide des résultats de la recherche en finance. Dans une troisième partie nous tentons d'expliquer pourquoi les fusions-acquisitions se traduisent souvent par des échecs. Dans quelle mesure le fait que l'opération soit « amicale » ou « hostile » a un impact sur le futur de la nouvelle entité ?

1. Deux OPA et deux histoires très différentes

Les deux OPA que nous exposons ci-dessous illustrent le fait que ces opérations peuvent être très différentes et donner des résultats opposés : elles peuvent se traduire par la naissance d'une entreprise renforcée comme par un échec monumental. Il s'agit de deux OPA de type industriel dont l'objectif est de créer un nouvel ensemble. Il ne s'agit donc pas d'OPA purement financières comme dans le cas de raid sur un conglomérat visant à le dépecer. Paradoxalement et contrairement à ce que d'aucuns pourraient croire c'est l'OPA « hostile » qui a donné les meilleurs résultats et c'est l'OPA « amicale » qui fut un échec. Contrairement à une OPA amicale, une OPA hostile a lieu lorsqu'une entreprise tente de prendre le contrôle d'une société cotée en Bourse sans l'approbation du conseil d'administration de celle-ci. Une OPA hostile est un processus rare et pas toujours réussi : entre 2010 et 2020, seulement six ont eu lieu en France, sur un total de 350 offres déposées à la Bourse de Paris.

1.1. L'OPA de Schneider Electric sur la Télémécanique

Le cas de l'OPA de Schneider sur la Télémécanique en 1988 constitue un bel exemple de ce dernier type d'opération[2]. Mais la réussite industrielle du projet initié par Didier Pineau-Valencienne, PDG de Schneider à l'époque, ne saurait suffire à faire de cette opération un cas d'école. Le cas de l'OPA hostile de Schneider sur la Télémécanique est intéressant car il permet d'étudier le comportement et les réactions des salariés d'une entreprise cible qui possédait une très forte culture industrielle et sociale remontant aux ordonnances du général de Gaulle de 1967 sur la participation. La bataille boursière que se sont livrée Schneider et Framatome pour le contrôle de la Télémécanique fut une opération difficile à comprendre et à admettre pour les Télémécaniciens. Les différentes offres des protagonistes qui ont fait voler les milliards de francs ont donné le sentiment aux salariés d'être « *mis aux enchères* ».

Le 4 février 1988, la chambre syndicale de la Bourse de Paris était saisie d'un projet d'offre publique d'achat de la société Schneider SA, actionnaire majoritaire de Merlin Gerin, visant la majorité du capital de la société Télémécanique Électrique. Le prix d'offre proposé par Schneider était de 3 900 francs par action Télémécanique pour un dernier cours coté le 3 février 1988 de 3 735 francs. Comparée à la moyenne des cours de l'année 1987, soit 3 196 francs, l'offre de Schneider affichait une prime de 22 %. Au moment de l'offre, Schneider détenait par l'intermédiaire de sa filiale Coparec 12,10 % des actions Télémécanique. L'offre visait 680 850 actions. Compte tenu des actions déjà possédées directement et indirectement, l'acquisition de 680 850 actions Télémécanique permettrait à Schneider SA de contrôler 53,5 % du capital après conversion des obligations convertibles. Cette offre sur un nombre limité d'actions avait le mérite de limiter le montant à décaisser (environ 2,6 milliards de francs, soit 405 millions d'euros) pour prendre le contrôle de la Télémécanique.

---

2. Voir M. Albouy, « Fusions-acquisitions et salariés : les leçons de l'OPA de Schneider sur Télémécanique en 1988 », *Revue Française de Gestion*, n° 241, 2014. À partir des nombreux documents publiés par l'intersyndicale de la Télémécanique cet article permet de cerner les raisons de l'opposition des salariés de cette entreprise à l'OPA de Schneider. Les documents publiés par Schneider et Framatome (dans le rôle du « chevalier blanc ») à l'occasion de leurs offres publiques permettent eux de comprendre leurs motivations économiques et stratégiques.

Mais le 24 février 1988, la société Framatome déposait une offre publique d'achat concurrente de celle de Schneider au prix de 4 300 francs et visant 825 000 titres Télémécanique, soit un montant de 3,5 milliards de francs. Framatome se présentait alors comme « le chevalier blanc » venant au secours de la Télémécanique qui faisait l'objet des convoitises du « chevalier noir » Schneider. Plusieurs surenchères sur ces offres furent proposées par les sociétés Schneider et Framatome. Le 17 mai 1988, les sociétés Schneider et Framatome faisaient connaître au Conseil des Bourses de Valeurs l'état avancé de leurs transactions sur la mise au point d'une solution amiable concernant le contrôle de la Télémécanique. Le 16 juin 1988, Schneider déposait une nouvelle offre visant cette fois la totalité des actions Télémécanique, sans aucun minimum, au prix unitaire de 5 000 F payés à l'issue de l'offre ou 5 500 F payés le 30 juin 1989. Un communiqué commun Schneider/Télémécanique annonçait que « *la Télémécanique se tourne résolument vers l'avenir et se déclare prêt à déterminer, sans délai, avec le groupe Schneider les conditions les meilleures pour son développement et garantir le succès de son insertion à l'intérieur de ce groupe* ». Le 20 juin 1988, Framatome faisait connaître sa décision de renoncer à son OPA sur la Télémécanique. Au total, Schneider allait débourser 5,5 milliards de francs (838 millions d'euros), soit un chiffre deux fois supérieur à celui de l'offre initiale. Ainsi, Schneider prenait le contrôle de la Télémécanique au prix fort. La réaction de la Bourse ne se fit pas attendre : le titre Schneider chuta lourdement suite à cette acquisition considérée par beaucoup d'analystes financiers comme trop chère. À noter que très souvent on observe des réactions négatives du marché à l'annonce d'une OPA. Cela s'explique par le fait que les investisseurs estiment souvent que la prime payée par l'acquéreur est trop importante par rapport aux gains futurs.

La valse des offres entre Schneider et Framatome et la technicité de la bataille boursière ne facilita pas également la compréhension par les salariés de ce qui se passait. Elle donna le sentiment aux Télémécaniciens que leur entreprise était mise aux enchères comme un vulgaire objet dans une salle de ventes sous le marteau d'un commissaire-priseur et que tous les coups étaient permis. À aucun moment dans la vision de l'intersyndicale est dissocié le contrôle de la société visée par l'OPA d'une part et les emplois d'autre part. Tout se passe comme si la Télémécanique appartenait à ses salariés et que les Télémécaniciens devaient défendre leur entreprise et son modèle social d'un prédateur. On pourrait comprendre une réaction négative de salariés d'une entreprise faisant l'objet d'une OPA dans la mesure où cette opération conduirait l'entreprise à son dépeçage et à des suppressions d'emplois. Mais tel n'était pas le projet de Schneider qui était animé – le futur le confirmera – par une véritable stratégie industrielle et mondiale qui ne pouvait que bénéficier à terme aux salariés de la Télémécanique. Il est du reste intéressant de relever que les syndicats de Schneider (essentiellement à travers sa filiale Merlin Gerin) étaient eux plutôt favorables à l'OPA même s'ils se devaient d'afficher un minimum de solidarité syndicale.

Selon les dirigeants de Schneider, le rapprochement de sa filiale Merlin Gerin avec la Télémécanique était nécessaire pour trois raisons : répondre à la concurrence mondiale ; préserver la compétitivité française ; profiter d'une synergie importante de moyens industriels.

La stratégie industrielle de Schneider était claire : il s'agissait de répondre à la concurrence mondiale dans le secteur de la basse tension et de profiter d'une synergie importante de moyens entre Merlin Gerin et la Télémécanique. Cette stratégie sera continuée et renforcée quelques années plus tard avec l'acquisition (grâce encore à une OPA) de Square D aux États-Unis. L'enjeu industriel de l'acquisition de la Télémécanique pour Schneider était très important, voire vital pour son développement. Si Schneider n'était pas arrivée à prendre le contrôle de la Télémécanique cela pouvait remettre en cause toute sa stratégie industrielle sur le marché de la basse tension. Il n'y avait pas d'autre société en France comparable à la Télémécanique pour satisfaire les besoins de la stratégie de Didier Pineau-Valencienne. La Télémécanique apparaissait donc comme un passage obligé dans la poursuite de la stratégie industrielle de Schneider. Cela explique du reste la montée des enchères de la part de Schneider. C'est bien parce que la Télémécanique était une pièce maîtresse du développement futur de Schneider que ses dirigeants ont été jusqu'au bout du processus d'enchères, même au risque de surpayer sa cible. Rappelons que le prix payé pour la prise de contrôle de la Télémécanique (5,5 milliards de francs) fut doublé par rapport à la 1re offre (2,6 milliards de francs). Nombreux furent les analystes financiers à estimer que le prix payé était trop élevé. La réaction du marché boursier à court terme fut du reste négative à l'annonce de l'opération. Les dirigeants de Schneider n'ont donc pas seulement eu à faire face à l'opposition des salariés de la Télémécanique mais également à la réaction négative des investisseurs. Dans les deux cas – salariés de la cible et actionnaires de l'initiateur – on observe un manque de vision à long terme. Cette vision était portée uniquement par les dirigeants de Schneider. À noter que dans cette opération l'État est resté neutre malgré les demandes d'intervention des groupes politique de gauche. Si aujourd'hui Schneider Electric est le leader mondial des solutions numériques d'énergie et des automatisations pour l'efficacité énergétique, c'est bien à la réussite de son OPA sur la Télémécanique qu'elle le doit ainsi qu'à l'acquisition des sociétés américaines Square D et APC. La société détient 20 000 brevets actifs ou en application dans le monde et investit environ 5 % de son chiffre d'affaires annuel dans la recherche et le développement. Au cours de l'exercice 2022, la société a réalisé un chiffre d'affaires de 34 milliards d'euros.

1.2. La fusion Alcatel-Lucent

Le groupe Alcatel-Lucent est né de la fusion entre deux sociétés, Alcatel (France) et Lucent (États-Unis) le 1er décembre 2006[12]. Il s'agissait d'une fusion industrielle et amicale entre deux grandes sociétés spécialistes des télécommunications et des réseaux. Lors du rachat, la répartition actionnariale était de 60 % pour Alcatel, et de 40 % pour Lucent.

Le rachat fut autorisé après de longs examens par les autorités, notamment américaines, qui donneront leurs accords. Afin de satisfaire aux exigences du régulateur américain, les deux fabricants ont décidé que les contrats de Lucent avec les agences gouvernementales américaines, et les Bell Labs seront détenus par une filiale américaine séparée, LGS Innovations LLC, et indépendante. Afin de montrer le caractère amical du rachat, la direction du nouveau groupe est alors confiée à un tandem franco-américain composé de Serge Tchuruk (Alcatel) et Patricia Russo (Lucent).

Au moment de l'annonce de la fusion, le nouveau groupe affichait un effectif de 88 000 salariés, 21 milliards d'euros de revenus (chiffre d'affaires) et une capitalisation de 30 milliards d'euros. Un géant franco-américain venait de naître dans l'industrie des télécommunications. Le principal objectif annoncé par le PDG Serge Tchuruk était de « *générer une croissance significative des revenus et des résultats et créer de la valeur pour les actionnaires* ». Cela passerait par des gains de synergie et des développements communs.

Mais cela ne se passa pas comme prévu. Face aux difficultés du groupe, un plan de suppression de 4 000 emplois est annoncé d'ici 2009. Il sera rapidement suivi par un autre plan et le groupe va être secoué par un conflit social majeur à la suite de l'annonce d'importantes suppressions d'emplois. La société perd 12 500 emplois sur 79 000. Des milliers de salariés d'Alcatel-Lucent dont des représentants des différentes entités européennes viennent manifester à Paris le 15 mars 2007 de la place de la Bourse à la rue de La Boétie, où se situait le siège de l'entreprise, contre les 12 500 suppressions d'emplois annoncées. Le tableau 8.1 montre l'effondrement entre 2005 et 2007 du chiffre d'affaires et du résultat net du groupe Alcatel-Lucent. Les revenus des deux entreprises avant la fusion qui s'élevaient à 20,49 milliards d'euros chutent à 17,79 milliards en 2007. Le résultat net consolidé qui était positif de 838 millions d'euros avant la fusion se transforme en une perte abyssale de 3 477 millions d'euros.

Tableau 8.1. *– Chiffre d'affaires et résultats du groupe Alcatel-Lucent*

	2005	**2007**	**Variation**
Revenus (M€)	20 490	17 792	-13,2 %
Résultat d'exploitation	312	110	-64,7 %
Marge d'exploitation	1,5 %	0,6 %	
Résultat net (M€)	838	-3,477	-514,9 %

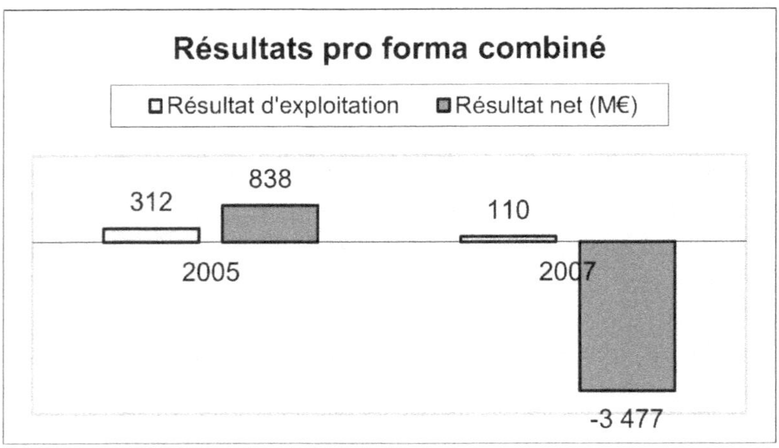

Bien évidemment, le cours de bourse s'effondre comme le montre le graphique 8.1. Alors que le CAC 40 grimpe de presque 25 %, le cours d'Alcatel-Lucent perd 50 % sur la même période.

Graphique 8.1. *– Cours de bourse du groupe Alcatel-Lucent comparé au CAC 40*

Fin mai 2008, Alcatel-Lucent ne vaut plus que 11 milliards d'euros contre 18 Md€ pour Alcatel seul avant la fusion et 30 Md€ pour l'ensemble. Il s'agit d'une destruction de valeur et d'emplois colossale.

De nombreuses raisons ont été avancées pour expliquer une telle catastrophe industrielle, humaine et financière. Certains observateurs ont fait remarquer qu'il s'agissait de la première méga-fusion dans le secteur des télécommunications ; d'autres qu'il s'agissait d'un marché très difficile en pleine évolution avec la venue du mobile. À cela se seraient ajoutées des difficultés technologiques dans un secteur en pleine évolution. Il est vraisemblable que le management installé après la fusion était dépassé et ne pouvait trancher les décisions à prendre pour contrer l'offensive des concurrents (comme Ericsson) sur les clients. Enfin, et surtout, le prix payé pour l'acquisition de Lucent était beaucoup trop élevé, ce qui plomba durablement les capacités financières d'Alcatel.

Mais l'idée de faire une « fusion amicale entre égaux » peut être également source de difficultés. Afin de témoigner du caractère amical, on va ainsi mettre en place une direction bicéphale issue des deux anciennes firmes, conserver une équipe de direction pléthorique de 21 membres et de 530 cadres dirigeants issus de façon équilibrée entre Alcatel et Lucent. Enfin, comme rien n'est vraiment tranché pour le leadership du nouvel ensemble, un sentiment de flottement dans les orientations stratégiques va se répandre, tout cela accompagné de problèmes d'égo entre Français et Américains. Et oui, à force de vouloir ménager toutes les susceptibilités on en arrive à ne pas décider assez rapidement. C'est ce qui se passe souvent dans les fusions-acquisitions amicales. Au moins, les OPA hostiles n'ont pas à faire face à ces difficultés dans la mesure où en général l'équipe de direction de la société cible est débarquée du management du nouveau groupe.

2. Les fusions-acquisitions créent-elles de la valeur ?

Les deux cas que nous avons rapportés illustrent bien le fait que les fusions-acquisitions peuvent conduire au meilleur comme au pire. En d'autres termes il n'y a pas de fatalité pour que ces opérations soient systématiquement des échecs ou des réussites.

Dans un premier temps, l'étude de l'impact des F&A sur la richesse des actionnaires s'est concentrée sur les réactions du marché autour des dates de réalisation et/ou d'annonce de l'opération. Suite à plusieurs critiques sur cette méthodologie, les recherches se sont orientées sur l'étude des rentabilités anormales des actions des sociétés concernées sur longue période.

2.1. Les réactions du marché autour des dates de réalisation et d'annonce

Il convient de distinguer les fusions des OPA[3]. En effet, les fusions sont généralement des opérations amicales qui bénéficient de la coopération des équipes de direction en place, alors que les offres publiques sont des opérations de nature plus conflictuelle puisque les dirigeants de la firme acquéreuse s'adressent directement aux actionnaires de la cible afin de trancher le différend. Compte tenu des primes plus importantes associées aux offres publiques, notamment celles réalisées par paiement en *cash* (OPA), on peut penser que ces opérations révèlent une plus grande confiance de la part des dirigeants des sociétés acquéreuses à réaliser des gains de synergie.

a) Les réactions du marché concernant les fusions

Comme le montrent toutes les études empiriques réalisées sur les fusions-acquisitions, les actionnaires des entreprises cibles sont clairement gagnants dans ces opérations. À partir d'une étude empirique sur plus de 4 000 fusions réalisées entre 1973 et 1998, Andrade et Mitchell (2001) montrent que le rendement anormal moyen sur trois jours pour

3. On trouvera un exposé plus complet de ces recherches dans M. Albouy et C. Bonnet, *OPA, OPE et LBO*, Economica, 2008.

les entreprises cibles est de 16 %, il s'élève même à 24 % sur la fenêtre d'événement la plus longue. À noter que l'estimation moyenne du rendement anormal de la période d'annonce pour les entreprises cibles est remarquablement stable au fil des décennies.

Par contre, les preuves de la création de valeur pour les actionnaires de l'initiateur ne sont pas aussi claires. Ainsi, le rendement anormal moyen sur trois jours pour les acquéreurs est de –0,7 %, et sur la fenêtre d'événement la plus longue le rendement anormal moyen de l'entreprise acquéreuse est de –3,8 %. Compte tenu du manque de robustesse de ces résultats il est difficile d'affirmer que les actionnaires des entreprises acquéreuses sont systématiquement perdants dans les opérations de fusion. En revanche, il est clair qu'ils ne sont pas les grands gagnants comme les actionnaires de l'entreprise cible.

Ces résultats sont cohérents avec les résultats des études antérieures comme Jensen et Ruback (1983) et Jarrell, Brickley et Netter (1988). Au total, les fusions semblent créer de la valeur globale pour les actionnaires, mais les gains générés par les fusions pendant la période d'annonce se portent entièrement sur les actionnaires de l'entreprise cible.

b) Les réactions du marché concernant les offres publiques

Les OPA hostiles ont tendance à se faire plus rares dans les années 2000. L'étude de Bradley *et al.* (1988) qui porte sur 161 offres publiques réussies sur la période 1962-1977 montre qu'en moyenne la prime offerte aux actionnaires des sociétés cibles est de 49 % sur les titres effectivement cédés et que le gain est de 36 % sur les titres conservés. Malgré la perte de 13 % sur les titres acquis, les actionnaires de la société acquéreuses enregistrent, du fait de l'offre publique, un gain de 9 % sur la valeur de leurs titres. Ces résultats, ainsi que ceux de Dodd et Ruback (1977) sur un échantillon de 124 opérations ou encore ceux de Jarrel et Pulsen (1989) sur 461 offres publiques, confortent l'hypothèse que les offres publiques sont créatrices de valeur et que les dirigeants des firmes initiatrices des offres publiques agissent dans l'intérêt de leurs actionnaires malgré la forte prime concédée aux actionnaires des sociétés cibles. La raison se trouverait dans l'anticipation de synergies supérieures aux primes versées pour la prise de contrôle.

Par contre, d'autres études empiriques, réalisées sur le marché américain, font état de résultats statistiquement non significatifs pour les actionnaires de l'acquéreur et selon ces travaux, les offres publiques ne seraient donc pas créatrices de valeur pour les actionnaires de la firme initiatrice. De même, les résultats sur le marché britannique sont hétérogènes et peu conclusifs. Enfin, sur le marché français, les résultats convergent dans la mesure où ils indiquent qu'autour de la date d'annonce d'une offre publique, la variation de richesse des actionnaires de l'acquéreur n'est pas significative.

3. Pourquoi les fusions-acquisitions échouent parfois, voire souvent ?

De nombreux spécialistes de management cherchent à expliquer pourquoi ces opérations de croissance externe ne sont pas créatrices de valeur et de développement futur. En fait chaque opération est unique et il est difficile d'extraire les facteurs explicatifs communs lors des échecs. Pour les financiers, le montant de la prime accordée aux actionnaires de la société cible est un facteur évidemment important. Plus cette prime est élevée et plus il sera difficile de la justifier avec des gains de synergie.

Les fusions et acquisitions constituent un excellent terrain pour des études cliniques en finance. Cette méthodologie de recherche permet en effet d'étudier de façon approfondie sous différents aspects et de façon longitudinale ces opérations financières. Une des premières études cliniques rapportées dans la littérature académique est celle de Lys et Vincent (1995). Ce cas traite de l'acquisition de NCR par AT&T en 1991. Selon ces auteurs, l'acquisition de NCR a détruit entre 3,9 et 6,5 milliards de dollars. L'analyse du cas permet de dégager trois raisons susceptibles d'expliquer cette destruction de valeur : (1) des objectifs managériaux incompatibles avec l'objectif de création de valeur actionnariale, (2) un excès de confiance des dirigeants dans leurs capacités à gérer la fusion, (3) une escalade dans l'implication malgré des résultats négatifs. Les raisons de l'échec de cette opération ressemblent, toutes proportions gardées, à celle la fusion Alcatel-Lucent exposée précédemment.

Autre exemple : l'acquisition de Chrysler par Daimler en 1998 constitue également un bon exemple d'échec. À cette époque, cette fusion avait été présentée comme le « mariage du siècle ». Pourtant, neuf ans après, Daimler a été confronté à l'échec de ses ambitions de la manière la plus brutale qui soit : l'obligation de se séparer de sa filiale américaine. En l'espace de neuf ans, Chrysler a détruit 12 milliards d'euros en termes de valeur économique. Mais même avec la revente de Chrysler, le constructeur allemand ne rentrera pas dans ses frais. Alors qu'il avait déboursé 36 milliards d'euros lors de la fusion, la vente rapporterait au mieux que 6 à 9 milliards selon les observateurs. Comme souvent, l'échec est triple : industriel, humain et financier. Sur le plan industriel, ce sont les difficultés de Chrysler à s'adapter à la demande de véhicules plus petits et à faire face à la concurrence des constructeurs japonais. Sur le plan humain, c'est l'impossible coopération entre les salariés allemands et américains qui a conduit à cet échec avec des milliers d'emplois supprimés. Enfin, échec financier au regard du coût des plans de restructuration successifs et du bilan global de l'opération.

Que retenir de ces études cliniques ? Écartons tout de suite un biais qui consisterait à faire une statistique à partir des cas publiés pour savoir s'il y a plus d'échecs que de réussites rapportés. En effet, un tel décompte n'aurait aucun sens dans la mesure où l'intérêt d'un cas se trouve dans son caractère « exemplaire » et que la somme de ces études cliniques est loin de représenter l'ensemble des opérations de fusions-acquisitions.

Parmi les nombreuses raisons invoquées dans la littérature[4] pour expliquer les échecs des fusions-acquisitions, citons le comportement opportuniste des dirigeants à la recherche de croissance à tout prix. Selon Morck, Schleifer et Vishny (1990), les mauvaises acquisitions s'expliqueraient par les objectifs personnels poursuivis par les « bâtisseurs d'empires » au détriment des intérêts de leurs actionnaires. Ainsi, les objectifs personnels des managers et leur ambition les pousseraient à réaliser des acquisitions qui leur permettraient de maintenir leurs positions de dirigeants ou encore d'augmenter la valeur de leur capital humain. Pour cela, ils seraient enclins à diversifier leurs investissements (au lieu de les concentrer), à surpayer leurs cibles et à acheter des firmes à forte croissance (même si le prix à payer est élevé). Par ailleurs, plus ces dirigeants sont « mauvais » et plus ils auraient tendance à faire des acquisitions non rentables pour assurer la survie des activités de leur société et conserver leurs avantages.

Alors que les décisions d'investissement routinières sont généralement prises au niveau des responsables opérationnels, les décisions d'acquisition relèvent directement des dirigeants au plus haut niveau. Contrairement aux décisions d'investissement classiques comme la modernisation d'un site de production ou son extension, l'acquisition de sociétés se caractérise par le fait que ce genre d'opération, qualifiée de croissance externe, est relativement rare dans la vie d'un dirigeant. Cette rareté fait que l'apprentissage par accumulation d'expérience est

4. Voir M. Albouy et C. Bonnet, *op. cit.*, 2008.

plus faible que dans des opérations d'investissement répétitives. Par ailleurs, elle présente un niveau de risque particulièrement élevé dans la mesure où la qualité de l'information sur la cible est moins facilement maîtrisée que dans des opérations de croissance interne. Ces trois caractéristiques – enjeu élevé, rareté de ce type d'opération et grande incertitude – tendent à favoriser l'excès de confiance des dirigeants.

Conclusion

Les OPA et les fusions-acquisitions ne sont pas uniquement le fait de « barbares » comme le mythe du cinéma américain tend à le montrer. Oui, certaines opérations se traduisent par des échecs cinglants pour les actionnaires et les employés, mais d'autres permettent à des dirigeants avisés de faire grandir leur société. Comme le soulignait Bruno Husson (1990) dans son ouvrage pionnier sur la prise de contrôle des entreprises, ces opérations sont des catalyseurs de synergies et un facteur de discipline des équipes dirigeantes. Pour cet auteur, « *la prise de contrôle en bourse représente un moyen privilégié d'amélioration de la compétitivité des entreprises et la clé de voûte du dispositif de protection de l'investisseur* ». Au-delà de ces caractéristiques, les fusions-acquisitions participent à la reconfiguration des entreprises dans le but de développer leurs activités commerciales et industrielles. Loin des mythes, il s'agit donc avant tout d'un outil financier à la disposition des dirigeants pour leur permettre de réaliser leur stratégie à long terme.

Bibliographie

Aftalion F. (2004), *La nouvelle finance et la gestion des portefeuilles*, 2e éd., Economica, Paris.

Agrawal A., Jaffe J. et Mandelker G. (1992), « The Post-merger Performance of Acquiring Firms: A Re-examination of an Anomaly », *Journal of Finance*, vol. 47, p. 1605-1621.

Aghion Ph., Van Reenen J. et Zingales L. (2013), « Innovation and Institutional Ownership », *American Economic Review*, 103 (1), p. 277-304.

Akerlof G.A. (1970), « The Market for "Lemons": Quality Uncertainty and the Market Mechanism », *Quarterly Journal of Economics*, août 1970, p. 488-500.

Albouy M. (2012), « La rémunération des dirigeants ne concerne pas que les actionnaires : un regard français et européen », *Revue Française de Gouvernance d'Entreprise*, n° 11, p. 5-24.

Albouy M. (1993), « La finance contre l'entreprise ? », *Revue Française de Gestion*, n° 93, p. 29-38.

Albouy M. (1996), « Peut-on réconcilier les dirigeants d'entreprise et les marchés financiers ? », *Revue Française de Gestion*, n° 111, p. 94-96.

Albouy M. (1999), « La mesure de la création de valeur : théorie, applications et limites », *Revue Française de Gestion*, n° 122, janv.-févr., p. 81-90.

Albouy M. (2000), « À qui profitent les fusions-acquisitions ? », *Revue Française de Gestion*, n° 131, p. 70-84.

Albouy M. (2001), « Implication financière des dirigeants et performances boursières », *Analyse Financière*, n° 2, déc., p. 61-66.

Albouy M. (2004), « Rémunération des dirigeants et performances boursières », *Analyse Financière*, n° 10, janv., p. 42-44.

Albouy M. (2005), « Peut-on encore croire à l'efficience des marchés financiers ? », *Revue Française de Gestion*, vol. 31, n° 157, juill.-août, p. 169-188.

Albouy M. (2006), « Rumeurs et manipulation de marché : comment éviter les pratiques illicites ? », *Entreprise Éthique*, n° 24, p. 41-49.

Albouy M. (2009), « Le dirigeant et l'administrateur salarié face à la finance », entretien avec Pierre Alanche et Xavier Fontanet, *Revue Française de Gestion*, vol. 35, n° 198-199, nov.-déc., p. 413-429.

Albouy M. (2012), « La plus belle théorie financière ne peut donner que ce qu'elle a », *Revue Française de Gestion*, n° 228-229, nov.-déc., p. 107-126.

Albouy M. (2017), *Décisions financières et création de valeur*, 3e éd., Economica, Paris.

Albouy M. (2019), *Chroniques de finance et de gouvernance d'entreprise*, EMS Management et Société, Caen.

Albouy M. (2020), « L'impact de l'activisme actionnarial sur la performance des entreprises », *Revue Banque*, n° 845, juin, p. 63-67.

Albouy M. et Bonnet C. (2008), *OPA, OPE et LBO*, Economica, Paris.

Albouy M. et Charreaux G. (éd.) (2017), *Les grands auteurs en finance*, 2e éd., EMS Management et société, Caen.

Albouy M. et Chevalier A. (2016), « Pourquoi autant de cash dans la trésorerie des entreprises en 2015 », dans *La comptabilité en action*, Thauvron A. et Burlaud A. (coord.), L'Harmattan.

Albouy M. et Dumontier P. (1992), *La politique de dividende des entreprises*, Presses Universitaires de France.

Albouy M., Decante C., Mauro **A.** et Studer P. (2017), « L'impact des actionnaires activistes sur les performances à court, moyen et long terme des entreprises européennes », *Finance Contrôle Stratégie* [En ligne], 20-1, URL : http://journals.openedition.org/fcs/1904

Albouy M. et Perier S. (2003), « Manipulations comptables et évaluation de l'entreprise », *La Revue du Financier*, n° 139, p. 51-65.

Albouy M. et Schatt A. (2004), « Les prises de contrôle par les actionnaires contestataires : le cas André », *Finance Contrôle Stratégie*, vol. 7, n° 2, p. 33-65.

Albouy M. et Schatt A. (2009), « Activisme et *proxy fights* : quand les actionnaires déclarent la guerre au management », *Revue Française de Gestion*, vol. 35, n° 198-199, p. 297-315. DOI : 10.3166/rfg.198-199.297-315

Ansoff I. (1965), *Corporate Strategy*, McGraw-Hill.

Artus P. et Virard M.-P. (2021), *La dernière chance du capitalisme*, Odile Jacob, Paris.

Arzac E. (2005), *Valuation for mergers, buyouts, and restructuring*, John Wiley & Sons.

Asquith P. (1983), « Merger Bids, Uncertainty, and Stockholder Returns », *Journal of Financial Economics*, vol. 11, n° 1-4, p. 51-83.

Asquith P., Bruner R. et Mullins D. (1983), « The Gains to Bidding Firms from Mergers », *Journal of Financial Economics*, vol. 11, n° 1-4, p. 121-139.

Associés en finance (1990), *Les options sur actions et sur indices*, 3e éd., Presses Universitaires de France.

Autorité des Marchés Financiers (2005), *Règlement général de l'Autorité des Marchés Financiers*, Livre VI – Abus de marché : opérations d'initiés et manipulations de marché, *Journal Officiel* du 22 avril 2005.

Babeau O. (2020), « La démocratie actionnariale est plus que jamais l'avenir de l'entreprise », *Revue Banque*, n° 845, juin, p. 52-55.

Barabel M. et Meier O. (2002), « Biais cognitifs du dirigeant et facteurs de renforcement lors de fusions-acquisitions : synthèse et illustration », *Finance Contrôle Stratégie*, vol. 5, n° 1, p. 5-42.

Bates T.W., Khale K.M., Stulz R.M. (2009), « Why do US firms hold so much more cash than they used to? », *Journal of Finance,* vol. 64, p. 1985-2021.

Batteau P. (2003), « Fisher Black », dans *Les grands auteurs en finance*, M. Albouy (éd.), Éditions EMS, p. 165-201.

Batsch L. (1999), *Finance et stratégie,* Economica, Paris.

Batsch L. (2002), *Le Capitalisme financier*, La Découverte, Paris.

Bébéar C. (2003), *Ils vont tuer le capitalisme*, Plon, Paris.

Betbèze J.-P. (2003), *Les 10 commandements de la finance*, Odile Jacob, Paris.

Bebchuk L. (2013), « The Myth that Insulating Boards Serves Long-term Value », *Columbia Law Review*, vol. 113, oct., p. 1637-1694.

Bebchuk L., Brav A. et Jiang W. (2015), « The Long Term Effects of Hedge fund Activism », *Columbia Law Review*, vol. 115, juin, p. 1085-1156.

Bebchuk L. et Fried J. M. (2003), « Executive Compensation as an Agency Problem », *Journal of Economic Perspectives*, vol. 17, p. 71-92.

Bebchuk L. et Fried J. (2004), *Pay Without Performance: The Unfilled Promise of Executives Compensation*, Harvard University Press, 2004.

Bebchuk L. et Fried J. (2005), « Pay Without Performance: Overview of the Issues », *Journal of Applied Corporate Finance*, vol. 17, n° 4, p. 8-22.

Ben Arfa N. et Labaronne D. (2016), « Activisme actionnarial des hedge funds : une étude exploratoire au sein des entreprises françaises », *Revue Française de Gestion*, vol. 42, n° 234, janv.-févr., p. 17-36.

Bernstein P. (1995), *Des idées capitales : les origines improbables du Wall Street moderne*, Presses Universitaires de France, Paris.

Bertonèche M. (2021), *Chroniques économiques de notre temps*, L'Harmattan, Paris.

Bertrand M. et Mullainathan S. (2001), « Are CEOs rewarded for Luck? The Ones without Principals Are », *Quarterly Journal of Economics*, vol. 116, p. 901-932.

Bessière V. (2007), « Excès de confiance des dirigeants et décisions financières : une synthèse », *Finance Contrôle Stratégie*, vol. 10, n° 1, p. 39-66.

Bessler W., Drobetz W. et Holler J. (2015), « The Returns to Hedge Fund Activism in Germany », *European Financial Management*, vol. 21, n° 1, p. 106-147.

Bhattacharya S. (1979), « Imperfect Information, Dividend Policy and the Bird in the Hand Fallacy », *Bell Journal of Economics*, printemps, p. 259-270.

Black F. et Sholes M. (1973), « The Pricing of Options and Corporate Liabilities », *Journal of Political Economy*, vol. 81, p. 635-654.

Black F. et Scholes M. (1974), « From Theory to a New Financial Product », *Journal of Finance*, vol. 29, p. 399-412.

Bonnet C. (2023), *C'est la faute aux actionnaires : fausses croyances et vrais débats*, Presses Universitaires de France, Paris.

Bonnet C. et Albouy M. (2020), « Le ROE de 15% : un mythe financier français ? », *Finance Contrôle Stratégie* [En ligne], 23-4, URL : http://journals.openedition.org/fcs/6772

Bradley M., Desai A. et Kim E. (1988), « Synergistic Gains from Corporate Acquisitions and their Division between the Stockholders of Target and Acquiring Firms », *Journal of Financial Economics*, vol. 21, n° 1, p. 3-40.

Brav A., Jiang W., Partnoy F. et Randoll T. (2008), « Hedge Fund Activism, Corporate Governance, and Firm Performance », *The Journal of Finance*, vol. LXIII, n° 4, août, p. 1729-1775.

Brealey R. et Myers S. (1997), *Principles of Corporate Finance*, 5e éd., McGraw-Hill.

Broihanne M.H., Merli M. et Roger P. (2005), « Le comportement des investisseurs individuels », *Revue Française de Gestion*, vol. 31, n° 157, p. 145-168.

Bruner R. F. (1999), « An Analysis of Value Destruction and Recovery in the Alliance and Proposed Merger of Volvo and Renault », *Journal of Financial Economics*, vol. 51, n° 1, p. 125-166.

Bruner R. F. (2002), « Does M&A Pay? A Review of the Evidence for the Decision-Maker », *Journal of Applied Finance*, Spring/Summer, p. 48-68.

Caby J. et Hirigoyen G. (1997), *La création de valeur de l'entreprise*, Economica, Paris.

Çelik S. et Isaksson (2013), « Institutional Investors as Owners: Who are they and what do they do? », OCDE, Corporate Governance Working Papers, n° 11.

Charletty-Lepers P. et Sassenou M. (1994), « L'impact patrimonial des offres publiques d'achat ou d'échange : le cas français », *Revue Économique*, vol. 45, n° 3, p. 625-637.

Charreaux G. (1996), *Gestion financière*, 5e éd., Litec, Paris.

Charreaux G. (1994), « Conseil d'administration et pouvoirs dans l'entreprise », *Revue d'Économie Financière*, n° 31, p. 49-79.

Charreaux G. (2003), « Michael C. Jensen : le pionnier de la finance organisationnelle », dans *Les grands auteurs en finance*, M. Albouy (éd.), Éditions EMS, p. 121-145.

Charreaux G. et Wirtz P. (2005), *Gouvernance des entreprises : nouvelles perspectives*, Economica, Paris.

Charreaux G. (éd.) (1997), *Le gouvernement des entreprises – Corporate governance – Théories et faits*, Economica, Paris.

Charreaux G., Couret A. *et alii* (1987), *De nouvelles théories pour gérer l'entreprise*, Economica, Paris.

Chatterjee R. et Meeks G. (1996), « The Financial Effects of Takeover: Accounting Rates of Return and Accounting Regulation », *Journal of Business Finance & Accounting*, vol. 23, n° 5/6, p. 851-868.

Cohen D. (2009), *La prospérité du vice : une introduction (inquiète) à l'économie*, Albin Michel, Paris.

Conso P. (1981), *La gestion financière de l'entreprise*, 6e éd., Dunod, Paris.

Cremers K. J., Pareek A. et Sautner Z. (2019), « Short-Term Investors, Long-Term Investments, and Firm Value: Evidence from Russell 2000 Index Inclusions », SSRN: https://ssrn.com/abstract=2720248 or http://dx.doi.org/10.2139/ssrn.2720248

Daniel K. et Titman S. (1999), « Market Efficiency in an Irrational World », *Financial Analysts Journal*, vol. 55, p. 28-40.

Denes M., Karpoff J. et McWilliams V. (2015), « Thirty Years of Shareholder Activism: Survey of Empirical Research », disponible sur SSRN : https://ssrn.com/abstract=2608085.

Dennis D. et McConnel J. (1986), « Corporate Mergers and Security Returns », *Journal of Financial Economics*, vol. 16, n° 2, p. 143-187.

Desbrières Ph. (1991), *Participation financière, stock-options et rachats d'entreprise par les salariés*, Economica, Paris.

Desbrières P. et Broye G. (2000), « Critères d'évaluation des investisseurs en capital : le cas français », *Finance Contrôle Stratégie*, vol. 3, n° 3, p. 5-43.

Desbrières P. et Schatt A. (2002), « The Impact of LBOs on the Performance of Acquired Firms: The French Case », *Journal of Business, Finance & Accounting*, vol. 29, p. 695-729.

Dodd P. (1980), « Merger Proposals, Management Discretion, and Stockholder Wealth », *Journal of Financial Economics*, vol. 8, n° 2, p. 105-138.

Dodd P. et Ruback R. (1977), « Tender Offers and Stockholder Returns: An Empirical Analysis », *Journal of Financial Economics*, vol. 5, n° 3, p. 351-374.

Dupuy Ph., Albouy M., Bonnet C., Mchawrab S. (2020), « Cash Holdings and the Selection Effect in the Eurozone », Finance, vol. 41, n° 2, p. 53-106.

Easterbrook F.H. (1984), « Two agency-cost explanations of dividends », *American Economic Review*, vol. 74, n° 4, p. 650-659.

Eckbo B. (1983), « Horizontal Mergers, Collusion and Stockholder wealth », *Journal of Financial Economics*, vol. 11, n° 1-4, p. 241-273.

Eckbo B. et Langhor H. (1989), « Information Disclosure, Method of Payment, and Takeover Premiums: Public and Private Tender Offers in France », *Journal of Financial Economics*, vol. 24, p. 363-403.

Eger C. (1983), « An Empirical Test of the Redistribution Effect in Pure Exchange Mergers », *Journal of Financial and Quantitative Analysis*, vol. 18, n° 4, p. 547-572.

Elgers P. et Clark J. (1980), « Mergers Types and Shareholders Returns: Additional Evidence », *Financial Management*, vol. 9, n° 2, p. 66-72.

Ellert J. (1976), « Mergers, Antitrust Law Enforcement and Stockholder Returns », *Journal of Finance*, vol. 31, n° 2, p. 715-732.

Erickson M. et Wang S.-W. (1999), « Earnings Management by Acquiring Firms in Stock for Stock Mergers », *Journal of Accounting and Economics*, vol. 27, p. 149-176.

Fama E. (1965), « The Behaviour of Stock Market Prices », *Journal of Business*, vol. 38, n° 1, p. 34-105.

Fama E. (1970), « Efficient Capital Markets: A Review of Theory and Empirical Work », *Journal of Finance*, vol. 25, n° 2, p. 383-417.

Fama E. (1991), « Efficient Capital Markets : II », *Journal of Finance*, vol. 46, n° 5, p. 1575-1618.

Fama E. (1998), « Market Efficiency, Long-term Returns, and Behavioral Finance », *Journal of Financial Economics*, vol. 49, n° 3, p. 283-306.

Fama E. et MacBeth J. (1973), « Risk, Return, and Equilibrium: Empirical Tests », *Journal of Political Economy*, 71, p. 607-636.

Fama E., Fisher L., Jensen M. et Roll R. (1969), « The Adjustment of Stock Prices to New Information », *International Economic Review*, vol. 10, n° 1, p. 1-21.

Franks J. et Harris R. (1989), « Shareholder Wealth Effects of Corporate Takeover: The UK Experience 1955-1985 », *Journal of Financial Economics*, vol. 23, n° 2, p. 225-249.

Franks J., Harris R. et Titman S. (1991), « The Postmerger Share-price Performance of Acquiring Firms », *Journal of Financial Economics*, vol. 29, n° 1, p. 81-96.

Gillan S. et Starks L. (2000), « Corporate Governance Proposals and Shareholder Activism: The Role of Institutional Investors », *Journal of Financial Economics*, vol. 57, p. 275-305.

Gillan S. et Bethel J. (2000), « Corporate Voting and the Proxy Process: Managerial Control Versus Shareholder Oversight », presented at Tuck-JFE Contemporary Corporate GovernanceConference, disponible sur SSRN: https://ssrn.com/abstract=236099 or http://dx.doi.org/10.2139/ssrn.236099

Ginglinger E. (1991), *Le financement des entreprises par les marchés de capitaux*, Presses Universitaires de France, Paris.

Ghosh A. (2001), « Does Operating Performance Really Improve Following Corporate Acquisitions? », *Journal of Corporate Finance*, vol. 7, n° 2, p. 151-178.

Ghoshal S. (2005), « Bad Management Theories are Destroying Good Management Practices », *Academy of Management Learning and Education*, vol. 4, n° 1, p. 75-91.

Gomez P.Y. (2009), « La gouvernance actionnariale et financière », *Revue Française de Gestion*, vol. 35, n° 198-199, p. 369-391.

Gordon M. (1962), *The Investment, Financing and Valuation of a Corporation*, Richard D. Irwin, Inc., Homewood, Ill.

Gordon M. et Shapiro E. (1956), « Capital Equipment Analysis: The Required Rate of profit », *Management Science*, vol. 3, oct., p. 102-110.

Graham J.R. et Leary M.T. (2018), « The Evolution of Corporate Cash », *Journal of Applied Corporate Finance*, vol. 30, n° 4, p. 36-60.

Greenwood R. et Schleifer A. (2014), « Expectations of Returns and Expected Returns », *The Review of Financial Studies*, vol. 27, n° 3, p. 714-746.

Grossman S. et Hart O. (1980), « Takeover Bids, the Free Rider Problem and the Theory of the Corporation », *Bell Journal of Economic*, vol. 11, p. 42-64.

Hamon J. (2003), « Eugène Fama et l'efficience des marches financiers », dans *Les grands auteurs en finance*, M. Albouy (éd.), Éditions EMS, p. 87-119 ; 2e éd. (2017), p. 133-165.

Hamon J. et Jacquillat B. (1992), *Le marché français des actions : études empiriques 1977-1991*, Presses Universitaires de France, Paris.

Hawawini G. (1984), *European Equity Markets: Price Behavior and Efficiency*, Monograph Series in Finance and Economics, Graduate School of Business Administration, New York University.

Healy P., Palepu K. et Ruback R. (1992), « Does Corporate Performance Improve After Mergers? », *Journal of Financial Economics*, vol. 31, n° 2, p. 135-175.

Healy P., Palepu K. et Ruback R. (1997), « Which Takeovers are Profitable: Strategic or Financial? », *Sloan Management Review*, vol. 38, n° 4, p. 45-57.

Heath C. et Tversky A. (1991), « Preferences and Beliefs: Ambiguity and Competence in Choice under Uncertainty », *Journal of Risk and Uncertainty*, vol. 4, p. 5-28.

Huong Dinh T. et Gajewski J.F. (2005), « Une étude expérimentale des prévisions des analystes et de l'efficience informationnelle des marchés », *Revue Française de Gestion*, vol. 31, n° 157, juill.-août, p. 189-202.

Husson B. (1989), « La théorie à l'épreuve des faits », *Revue Française de Gestion*, n° 75, sept.-oct., p. 84-97.

Husson B. (1990), *La prise de contrôle d'entreprises*, 2e éd., Presses Universitaires de France, Paris.

Ingham H., Kran I. et Lovestam A. (1992), « Mergers and Profitability: A Managerial Success Story? », *Journal of Management Studies*, vol. 29, n° 2, p. 371-407.

Instefjord N. (1999), « The Market for Corporate Control and the Agency Paradigm », *European Finance Review*, vol. 3, n° 1, p. 1-22.

Jacquillat B. (dir.) (2009), *Hedge funds, private equity, marchés financiers : les frères ennemis ?*, Cahiers du Cercle des économistes, Presses Universitaires de France.

Jacquillat B. (2018), « Styles de gestion de portefeuille et gouvernance des entreprises », *Revue d'Économie Financière*, n° 130, p. 145-160.

Jacquillat B. et Solnik B. (1989), *Les marchés financiers, la gestion de portefeuille et des risques*, 3e éd., Dunod, Paris.

Jarrell G., Brickley J. et Netter J. (1988), « The Market for Corporate Control: The Empirical Evidence since 1980 », *Journal of Economic Perspective*, vol. 2, p. 49-68.

Jarrell G. et Poulsen A. (1989), « The Returns to Acquiring Firms in Tender Offers: Evidence from three Decades », *Financial Management*, vol. 18, n° 3, p. 12-19.

Jensen M. (1986), « Agency Costs of Free Cash Flow, Corporate Finance and Takeovers », *American Economic Review*, vol. 76, p. 323-329.

Jensen M. (1988), « Takeovers: Their Causes and Consequences », *Journal of Economic Perspectives*, vol. 2, p. 21-48.

Jensen M. (1989), « Eclipse of the Public Corporation », *Harvard Business Review*, vol. 67, n° 5, p. 61-75.

Jensen M. (1993), « The Modern Industrial Revolution, Exit, and Control Systems », *Journal of Finance*, 48, p. 831-880.

Jensen M. (2004), « Agency Costs of Overvalued Equity and the Current State of Corporate Finance », *European Financial Management*, vol. 10, n° 4, p. 549-565.

Jensen M. et Meckling W. (1976), « Theory of the Firm: Managerial Behavior, Agency Costs and Ownership Structure », *Journal of Financial Economics*, vol. 3, p. 305-360.

Jensen M. et Murphy K. (1990), « CEO Incentives – It's Not How Much You Pay, But How », *Harvard Business Review*, n° 3, mai-juin, p. 138-153.

Jensen M. et Ruback R. (1983), « The Market for Corporate Control: The Scientific Evidence », *Journal of Financial Economics*, vol. 11, n° 1-4, p. 5-50.

Kahneman D. et Tversky A. (1979), « Intuitive Predictions: Biases and Corrective Procedures », *Studies in Management Science*, vol. 12, p. 313-327.

Kapferer J.N. (1987), « Rumeurs – Le plus vieux média du monde », *Revue Française du Marketing*, mai-juill., n° 113, p. 72-78.

Kaplan S. (1989), « The Effects of Management Buyouts on the Operating Performance and Value », *Journal of Financial Economics*, vol. 24, p. 217-254.

Kaplan S. et Schoar A. (2005), « Private Equity Performance: Returns, Persistence and capital flows », *The Journal of Finance,* vol. 4, p. 1791-1835.

Kini O., Kracaw W. et Mian S. (1995), « Corporate Takeovers, Firm Performance, and Board Composition », *Journal of Corporate Finance*, vol. 1, p. 383-412.

Kissel R. (2020), *Algorithmic Trading Methods, Applications Using Advanced Statistics, Optimization, and Machine Learning Techniques*, 2e éd., Academic Press, Elsevier.

Landier A. et Thesmar D. (2008), *Le grand méchant marché : décryptage d'un fantasme français*, Fayard, Paris.

Lang L., Stulz R. et Walking R. (1991), « A Test of Free Cash Flow Hypothesis: The Case of Bidder Returns », *Journal of Financial Economics*, vol. 29, n° 2, p. 315-335.

Langetieg T. (1978), « An Application of a Three-factor Performance Index to Measure Stockholder Gains from Merger », *Journal of Financial Economics*, vol. 6, n° 4, p. 365-384.

Larson K.D. et Gonedes N.J. (1969), « Business Combination: An Exchange Ratio Determination Model », *The Accounting Review*, oct., p. 720-728.

Lemoigne J.-L. (1990), *La modélisation des systèmes complexes*, 1990, Dunod, Paris.

Levasseur M. et Quintart A. (1998), *Finance*, 3e éd., Economica, Paris.

Levasseur M. et Schlosser M. (2015), *Finance : une approche responsable*, Economica, Paris.

Lewellen W., Loderer C. et Rosenfeld A. (1985), « Merger Decisions and Executive Stock Ownership in Acquiring Firms », *Journal of Financial Economics*, vol. 7, p. 209-231.

Loderer C. et Martin K. (1990), « Corporate Acquisitions by Listed Firms: The Experience of a Comprehensive Sample », *Financial Management*, vol. 19, n° 4, p. 17-33.

Loderer C. et Martin K. (1992), « Post-acquisition Performance of Acquiring Firms », *Financial Management*, vol. 21, n° 3, p. 69-79.

Lordon F. (2009), *La crise de trop. Reconstruction d'un monde failli, Fayard, Paris.*

Loughran T et Vijh A. (1997), « Do Long-Term Shareholders Benefit from Corporate Acquisitions? », *Journal of Finance*, 52, p. 1765-1790.

Mitchell M. L. et Harold Mulherin J. (1996), « The impact of industry shocks on takeover and restructuring activity », *Journal of Financial Economics*, 41, p. 193-229.

Lys T. et Vincent L. (1995), « An Analysis of Value Destruction in AT&T's acquisition of NCR », *Journal of Financial Economics*, vol. 39, n° 2/3, p. 353-378.

Malatesta P. (1983), « The Wealth Effects of Merger Activity and the Objective Fonctions of Merging Firms », *Journal of Financial Economics*, vol. 11, n° 1-4, p. 155-181.

Mandelker G. (1974), « Risk and Return: The Case of Merging Firms », *Journal of Financial Economics*, vol. 1, n° 4, p. 303-335.

Manne H. (1965), « Mergers and the Market for Corporate Control », *Journal of Political Economy*, vol. 73, p. 110-120.

Martin K. et McConnell J. (1991), « Corporate Performance, Corporate Takeovers, and Management Turnover », *Journal of Finance*, vol. 46, n° 2, p. 671-687.

Martinet A.-C. et Reynaud E. (2004), *Stratégies d'entreprise et écologie*, Economica, Paris.

Mchawrab S., Albouy M., Kergoat M. **et** Dubreuille S. (2015), « Les dessous de l'évaluation des entreprises *high tech* », *Finance Contrôle Stratégie* [En ligne], 18-2, URL : http://journals.openedition.org/fcs/1641

Modigliani F. et Miller M. (1958), « The Cost of Capital, Corporation Finance and the Theory of Investment », *American Economic Review*, vol. 48, p. 261-297.

Modigliani F. et Miller M. (1963), « Corporate Income Taxes and the Cost of Capital: A Correction », *American Economic Review*, vol. 53, p. 433-443.

Moeller S.B., Schlingemann F.P. et Stulz R.M. (2005), « Wealth Destruction on a Massive Scale: A Study of Acquiring Firms returns in the Recent Merger Waves », *Journal of Finance*, vol. 60, p. 757-782.

Montagne S. (2009), « Le court-termisme institutionnalisé : les effets de la gestion de portefeuille déléguée », *Revue d'économie financière*, numéro hors-série Les fonds souverains, p. 417-432.

Morck R., Schleifer A. et Visny R. (1990), « Do Managerial Objectives Drive Bad Acquisitions? », *Journal of Finance*, vol. 45, p. 31-48.

Morin F. (2015), *L'Hydre mondiale. L'oligopole bancaire*, Lux Éditions.

Moussa P. (1989), *La roue de la fortune : souvenirs d'un financier*, Fayard, Paris.

Myers S. et Majluf N. (1984), « Corporate Financing and Investment Decisions when Firms Have Information that Investors do not Have », *Journal of Financial Economics*, vol. 13, p. 187-221.

Navatte P. (1978), « Les réactions du marché boursier français à l'annonce d'une opération de fusion-absorption : le cas français 1962-1974 », *Analyse Financière*, n° 34, p. 102-117.

Parrino J.D. et Harris R.S. (1999), « Takeovers, Management Replacement and Post-Acquisitions Operating Performances: Some Evidence from the 1980s », *Journal of Applied Corporate Finance*, vol. 11, n° 4, p. 88-97.

Paugam L., Stolowy H., Gendron Y. (2020), « Deploying Narrative Economics to Understand Financial Market Dynamics: An Analysis of Activist Short Sellers' Rhetoric », *Contemporary Accounting Research*, vol. 38, n° 3, p. 1809-1848.

Pécherot B. (2000), « La performance sur longue période des acquéreurs français », *Banque & Marchés*, n° 46, p. 31-39.

Pène D. (1993), *Évaluation et prise de contrôle de l'entreprise : diagnostic financier et stratégique*, 2e éd., Economica, Paris.

Pène D. (1993), *Évaluation et prise de contrôle de l'entreprise :* évaluation et montages financiers, 2e éd., Economica, Paris.

Plihon D. (dirigé par) (2002), *Rentabilité et risque dans le nouveau régime de croissance*, Rapport du Commissariat Général au Plan, Paris.

Plihon D. et Rigot S. (2018), « Pourquoi manque-t-on d'investisseurs à long terme ? », *Revue d'Économie Financière*, n° 130, p. 113-128.

Michael E. Porter (1992), « Capital Choices: Changing the Way America Invests in Industry », *Journal of Applied Corporate Finance*, été, p. 4-11.

Quintart A. et Zisswiller R. (1990), *Théorie de la finance*, 2e éd., Presses Universitaires de France, Paris.

Roe M. J. (2022), « Stock Market Short-Termism: What the Empirical Evidence Tells Policymakers », *Journal of Law, Finance & Accounting*, vol. 7, n° 1, p. 1-41. http://dx.doi.org/10.1561/108.00000060

Roll R. (1986), « The Hubris Hypothesis of Corporate Takeovers », *Journal of Business*, vol. 59, p. 197-216.

Ruback R. (1982), « The Conoco Takeover and Stockholder Returns », *Sloan Management Review*, vol. 23, p. 13-33.

Sahlman W. A. (1990), « The Structure and Governance of Venture-capital Organizations », *Journal of Financial Economics*, vol. 27, p. 473-521.

Samuelson P. (1965), « Proof That Properly Anticipated Prices Fluctuate Randomly », *Industrial Management Review*, Spring, 6, p. 41-49.

Scharfstein D. (1988), « The Disciplinary Role of Takeovers », *Review of Economic Studies*, vol. 55, p. 85-99.

Sharma D. et Ho J.H. (2002), « The Impact of acquisitions on Operating Performance: Some Australian Evidence », *Journal of Economic Perspectives*, vol. 29, n° 1, p. 155-200.

Shiller R. J. (2002), « From Efficient Market Theory to Behavioral Finance », Cowles Foundation, Yale University, SSRN: https://ssrn.com/abstract=349660

Simon H. (1976), « Sur la complexité des systèmes complexes », *The Philosophy of Science Association*, vol. 2, p. 507-522, dans *Introuvable de H.A. Simon en langue française*, n° 6.

Simon Y. (éd.) (1997), *Encyclopédie des marchés financiers*, Economica, Paris.

Simon Y. (2009), « Les *Hedge Funds*, la titrisation et la crise de l'été 2007 », dans *Hedge funds, private equity, marchés financiers : les frères ennemis* ?, Cahiers du Cercle des économistes, Presses Universitaires de France, p. 99-107.

Sire B. et Tremblay M. (1996), « Perspectives sur les rémunérations des dirigeants en France », *Revue Française de Gestion*, n° 111, nov.-déc., p. 230-238.

Spence M. (1974), « Competitive and optimal responses to signals: An analysis of efficiency and distribution », *Journal of Economic Theory*, mars, p. 296-332.

Stiglitz J. (2009), *Quand le capitalisme perd la tête*, Le livre de poche, Fayard.

Stokman N. (2007), « Influences of Hedge Fund Activism on the Medium Term Target Firm Value », disponible sur SSRN: https://ssrn.com/abstract=1019968

Thibaud F. et Clément J. (2018), « L'activisme actionnarial : surpasser les craintes françaises pour en faire une force ! », Rapport au Corps des Mines, avril. https://www.regroupementpplocal.com/wp-content/uploads/2018/05/Frossard-Jakymiw-Lactivisme-actionnarial-Surpasser-les-craintes-fran%C3%A7aises-pour-en-faire-une-force-.pdf

Thraya M. et Albouy M. (2012), « Enracinement des actionnaires de contrôle et performance à court terme des fusions-acquisitions en France », *Finance Contrôle Stratégie* [En ligne], 15-4, URL : http://journals.openedition.org/fcs/1233.

Tversky A. et Kahneman D. (1974), « Judgement Under Incertainty: Heuristic and Biases », *Science*, vol. 185, p. 1124-1130.

Vernimmen P. (2018), *Finance d'entreprise*, Dalloz, Paris.

Von Neumann J. et Morgenstern O. (1944), *Theory of Games and Economic Behavior*, Princeton University Press.

Zingales L. (2000), « In Search of New Foundations », *Journal of Finance*, vol. 55, n° 4, p. 1623-1653.

Table des matières

Composé par Michel Bouffet, Economica

Achevé d'imprimer par Dupliprint à Domont (95)
N° d'impression : 2024094114
Imprimé en France